Collection
"Une vision inédite de votre signe astral" :

Bélier (21 mars – 20 avril)
Taureau (21 avril – 20 mai)
Gémeaux (21 mai – 21 juin)
Cancer (22 juin – 22 juillet)
Lion (23 juillet – 22 août)
Vierge (23 août – 22 septembre)
Balance (23 septembre – 22 octobre)
Scorpion (23 octobre – 22 novembre)
Sagittaire (23 novembre – 21 décembre)
Capricorne (22 décembre – 19 janvier)
Verseau (20 janvier – 18 février)
Poissons (19 février – 20 mars)

(Photo J.-L. Charmet)

Le Mois de novembre, extrait du *Calendrier des Bergers.*
(XVIᵉ siècle ; bibliothèque des Arts décoratifs, Paris.)

Scorpion

(23 octobre – 22 novembre)

"Une vision inédite de votre signe astral"

Aline Apostolska

Scorpion

(23 octobre – 22 novembre)

Deuxième édition

Editions Dangles
18, rue Lavoisier
45800 ST-JEAN-DE-BRAYE

Représentation du Scorpion, extraite du célèbre
Liber Astrologicæ (manuscrit latin du XIVᵉ siècle).
(Bibliothèque nationale, Paris.)

ISBN : 2-7033-0407-2

© Editions Dangles, St-Jean-de-Braye (France) – 1994

Le Scorpion (miniature des *Heures* de Rohan, XVᵉ siècle).
(Bibliothèque nationale, Paris.)

« *Si le grain tombe en terre et qu'il ne meurt, il reste stérile. Mais s'il meurt, il porte beaucoup de fruits.* »

Saint Jean.

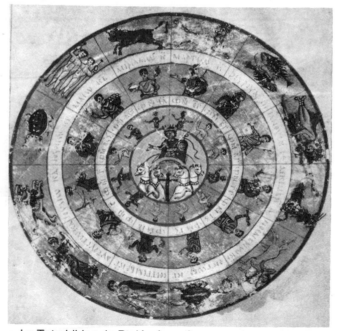

Le Tetrabiblos de Ptolémée, grâce auquel se conserva le savoir astrologique. Il représente le Soleil et les douze signes du zodiaque (art byzantin, 820 apr. J.-C.).
(Bibliothèque du Vatican.)

Introduction

Astrologie (1)... le mot est lâché et, dès qu'on l'a prononcé, le public se scinde en deux catégories distinctes : « *ceux qui savent* » et « *ceux qui croient* ».

– « *Ceux qui croient* » croient en l'horoscope (2), c'est-à-dire en une lecture parcellaire d'un hypothétique « Destin » écrit et déterminé une fois pour toutes, et qui nous éviterait une fastidieuse investigation personnelle ainsi qu'un véritable travail de prise de conscience et d'autotransformation.

– « *Ceux qui savent* », donc les astrologues ou ceux qui ont acquis un savoir symbolique et ésotérique, regardent « *ceux qui croient* » avec la hauteur qui sied à qui veut jauger l'étendue de son champ d'action. Ceux-là se comportent comme les véritables détenteurs de la « vraie » astrologie, celle qui demande une culture vaste et hétéroclite, du recul et un **indispensable amour de son prochain.**

L'astrologie implique donc toujours l'exercice d'un pouvoir. Peut-être que, pour tous ceux qui – à un moment ou un autre de leur vie – entrent dans une demande de reconnaissance et de pouvoir, le premier travail à effectuer reste de savoir pour *quoi*, pour *qui* et *comment* cet exercice peut légitimement se faire.

Alors, à quoi sert donc l'astrologie ? Essayons d'abord de la définir.

---

1. Astrologie : du grec *astron* (astre) et *logos* (langage) signifie « le langage des astres ».
2. Horoscope : du grec *horoskôpos,* qui « considère l'heure de la naissance ».

1. Vous avez dit « astrologie » ?...

a) Le rapport au Cosmos

« L'astrologie est la plus grandiose tentative d'une vision systématique et constructive du monde jamais conçue par l'esprit humain. » C'est à cette définition de Wilhelm Knappich (3) que je me réfère le plus volontiers. Elle place d'emblée le sujet à sa juste dimension et offre une vision vaste des rapports qui relient l'être humain au Cosmos qui le contient et qu'il contient lui-même, puisqu'il est composé des mêmes matériaux que ces lointaines étoiles qu'il regarde avec toujours autant d'admiration et d'envie.

Ce rapport à une loi cosmique, qui semble s'accomplir sans que l'être humain puisse y participer autrement qu'en la subissant, constitue la dynamique centrale et principale du désir d'évolution. Cette confrontation quotidienne de l'homme minuscule à ce Majuscule qui le fascine existe depuis que le premier humain a levé les yeux au ciel et que cette *« tension vers le haut* (4) »* l'a propulsé dans une démarche de progrès sans fin.

L'astrologie, système conceptuel *poétique* (qui parle par images s'adressant à l'imaginaire) et *symbolique* (qui met ces images en ordre et leur donne un sens), demeure **le plus vaste outil dont l'homme se soit jamais doté pour tenter de comprendre son rapport à l'infiniment grand** et aiguiser ses capacités de maîtrise des énergies qui l'environnent et qu'il refuse de subir.

---

3. Voir, de Wilhelm Knappich : *Histoire de l'astrologie* (Editions Vernal-Lebaud).
4. Les « Très-Hauts » étant les dieux qui, chez les Anciens, donnèrent leurs noms aux planètes.

Autel romain représentant les têtes des douze dieux de l'Olympe (Antikenmuseum, Berlin).

b) Un pont entre Visible et Invisible

La pertinence et l'universalité de l'astrologie – parmi tant d'autres systèmes conceptuels – demeurent aujourd'hui avec autant de clarté et de spécificité. Elle reste indétrônée, irremplacée, certes complétée par d'autres symboles mais jamais réduite à eux, car les outils dont elle s'est dotée – il y a plus de 4 000 ans – sont, d'après C. G. Jung, « *les archétypes les plus immuables de l'inconscient collectif, archétypes que les générations se transmettent à l'intérieur d'une même civilisation* ».

Cette pertinence et cette universalité sont de nos jours créditées par cette même science qui, jusqu'à hier, au plus fort des matérialistes années 60, était la première à nier l'astrologie. Les dernières conclusions de la physique quantique mettent largement en avant les preuves de l'importance de l'*immatériel* dans la prise de forme physique des organismes vivants. On y retrouve cette dimension primordiale à laquelle nous ont toujours invités les religions, autant que les philosophies mystiques, d'un Visible qui procède de l'Invisible et de la matière créée par l'énergie de l'Esprit...

Dans la lecture qu'elle nous offre effectivement de l'homme et de ses rapports avec son environnement le plus large, l'astrologie jette bien un pont entre Visible et Invisible ; elle permet d'embrasser l'espace-temps d'une vie terrestre en en pointant le centre. Tel un mandala énergétique, un thème astrologique permet de faire le point des **dynamiques motrices** dont un individu est à la fois l'acteur et la scène, et donne la possibilité d'en tirer le meilleur parti, dans tous ses domaines existentiels.

c) Se connaître pour s'aimer et se respecter

Loin d'être une lecture du « destin » dans le pire sens – inévitable et punitif – du terme (5), l'astrologie offre d'abord la possibilité de se connaître mieux, dans ce que l'on a d'*unique* et d'*irremplaçable*. Elle aide à cerner de plus près ce pour quoi « l'on est fait » puis, à partir d'une telle évaluation générale des forces en présence, elle aide à trouver un meilleur équilibre, un sens harmonieux et vivable entre l'*inné* et l'*acquis,* entre le *potentiel* et le *vécu*. L'astrologie a pour ambition de nous permettre de **mieux nous comprendre pour mieux nous aimer, et ainsi d'évoluer en harmonie.**

---

5. *« Le destin est la marque de l'inconscient qui imprime sa loi sur une vie »* (Lou Andréas Salomé).

L'astrologie occidentale devient solaire. Ici, Akhenaton,
pharaon égyptien, offrant un sacrifice au dieu-soleil Aton.
(Musée du Caire.)

d) L'astrologie prédit-elle l'avenir ?

Mieux se connaître, éclairer, orienter, maîtriser les divers domaines de sa vie, en même temps que s'harmoniser avec les dynamiques cosmiques, voilà ce que permet l'astrologie occidentale. Est-elle pour autant prédictive ?

Rappelons qu'au début l'astrologie donna naissance à l'astronomie, puisque c'est avec elle que débuta l'observation quotidienne du ciel. Puis elles se séparèrent inexorablement jusqu'à ce que Colbert – au XVIIᵉ siècle – exclue définitivement l'astrologie de l'Académie des sciences. Il a fallu attendre le XXᵉ siècle pour qu'Einstein ose proclamer : « *L'astrologie est une science en soi illuminatrice. J'ai beaucoup appris grâce à elle et je lui dois beaucoup.* »
Sur le plan strictement astronomique, **l'exactitude entre le ciel et les signes astrologiques n'existe effectivement plus depuis longtemps,** mais cela n'enlève rien à la pertinence astrologique qui reste uniquement symbolique. Lorsqu'on parle du Lion, on ne parle pas de la constellation stellaire, mais du symbole et des caractéristiques qui lui sont attribuées.

Cette scission astronomie/astrologie signe la marque de l'Occident qui a ainsi voulu se démarquer d'une idée de « *destinée écrite dans le ciel* ». Ce n'est pas le cas de l'Orient, notamment de l'Inde, où le système astrologique s'est constitué au fil des millénaires dans le respect de l'astronomie. La force de l'astrologie occidentale réside dans sa pertinence *psychologique* et *dynamique,* alors que celle de l'astrologie indienne demeure dans la *prédiction.* En ce sens, elles sont profondément complémentaires, mais n'ont pas le même propos : depuis des millénaires l'astrologie occidentale s'est parfaite comme un **outil d'analyse et d'analo-**

gie, alors que l'astrologie indienne a ciselé ses **outils prédictifs.**

Faut-il, pour cela, renier l'astrologie occidentale ? Certes pas. Elle demeure toujours un grand mystère, même et surtout pour « *ceux qui savent* » et en maîtrisent le symbolisme et la technique. L'astrologie, tout occidentale, pour symbolique, psychologique et énergétique qu'elle soit, **continue d'être exacte** lorsqu'il s'agit de s'y référer pour examiner **l'évolution d'une situation.**

Le zodiaque qui ornait le plafond du temple de Dendérah, en moyenne Egypte.
(Bas-relief de l'époque ptolémaïque ; musée du Louvre.)

e) Une leçon de sagesse et d'humilité

Alors oui, ça marche, mais le mystère demeure entier et c'est tant mieux ! Pour l'homme contemporain, trop prompt à se croire capable de tout appréhender et de tout maîtriser, l'astrologie demeure une leçon quotidienne, à travers l'exemple mille fois répété que « quelque chose échappe à notre condition d'humains »… Quoi que l'on ait appris et compris, lorsque l'horloge cosmique se met en marche elle scande des rythmes que nous ne pourrons jamais prévoir, saisir ni connaître dans leur réalité. Au moment où les choses se passent, on est toujours surpris – ou catastrophé – mais surtout dépassé…

L'astrologue qui dit le contraire et prétend avoir tout su, tout prévu, tout analysé, se lance dans une **gageure d'apprenti sorcier** ou vise un rôle de **gourou de la pire espèce.** Les temps actuels sont trop propices à de critiquables abus de toutes sortes de pouvoirs pour ne pas le rappeler.

L'astrologie permet de savoir beaucoup de choses. Elle est un incomparable **outil de prise de conscience** et de connexion cosmique, mais il demeure toujours ce que l'homme ne connaîtra jamais… Dieu l'en garde !

2. Etre d'un signe, qu'est-ce que cela signifie ?

« *Je suis Taureau, tu es Verseau, il est Sagittaire... »*
Au quotidien, l'astrologie s'exprime ainsi. Nul n'ignore
son signe solaire, même les jeunes enfants qui s'y
réfèrent avant de saisir ce qu'est l'astrologie. On sait
moins, par contre, quelle réalité recouvre cette symbolique.

Pour décrypter une personnalité ou une situation,
pour saisir les **circulations énergétiques** en place et
comprendre – puis orienter – les **dynamiques motrices**
spécifiques, l'astrologue est en possession d'outils
qu'un vaste savoir – à la fois ésotérique et analogique
– autant que des millénaires d'expériences statistiques
ont permis de fignoler jusqu'à leur donner la pertinence
et la fiabilité actuelles.

a) Les outils de l'astrologie

Ces outils sont les signes, les planètes, les maisons
et quelques points immatériels tels que les nœuds
lunaires, la Lune noire, la part de fortune et, éventuel-
lement, les astéroïdes Chiron et Cérès. Les aspects que
ces différents points forment entre eux impriment la
dynamique générale du thème astral, pointent les
forces, les faiblesses et les caractéristiques de la personnalité dans ses différents domaines d'existence.

Considérons un thème astral comme un parcours
terrestre précis et imaginons que le potentiel de chacun est un véhicule : les signes donnent la couleur de
la carrosserie et les caractéristiques de la marque, les
planètes donnent la puissance et les spécificités du
moteur, tandis que les maisons permettent de savoir à
quel domaine de la vie (personnel, sentimental, professionnel, financier, etc.) s'appliqueront ces caractéristiques.

Le zodiaque et les constellations, avec leurs numéros et leurs degrés (carte du ciel de Dürer, XIXᵉ siècle).

b) Les critères principaux pour mieux se connaître

Comme on le voit sur le dessin, un thème astral met en évidence plusieurs positions planétaires dans différents signes du zodiaque. Nous sommes tous un savant – et unique – mélange de différents composants. Nous roulons tous avec une carrosserie plus ou moins bariolée ! Bien sûr, pour lire et comprendre le tout, il faut être astrologue, mais chacun peut facilement, grâce aux nombreux serveurs télématiques astrologiques ou à des ouvrages de calculs, connaître les éléments essentiels de son thème, pour se référer ensuite aux autres ouvrages de cette collection.

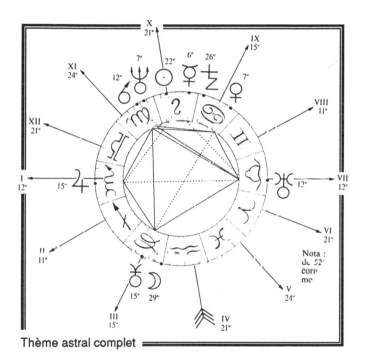

Thème astral complet

✧ **Le signe solaire,** celui qui nous fait dire « *Je suis Taureau, Bélier, Vierge...* » et qui est donné par la position du Soleil au moment de notre naissance, caractérise notre Moi extérieur, notre comportement social et productif, nos références paternelles.

✧ **Le signe lunaire** est au moins aussi important que le signe solaire, car il permet de connaître notre

Moi profond, notre sensibilité, notre imaginaire, notre part intime et notre image maternelle. La Lune parle mieux des aspects essentiels de nous-même, au point que certaines astrologies considèrent le signe lunaire comme LE signe véritable. C'est ainsi qu'en Inde, si vous demandez son signe à une personne, elle vous répondra invariablement par son signe lunaire, vous livrant ainsi la « part cachée » d'elle-même… C'est pourquoi il est important d'étudier aussi son signe lunaire si l'on veut mieux se retrouver et se définir.

✧ **L'ascendant :** plus personne, de nos jours, n'ignore qu'il s'agit d'un élément indispensable qui représente notre personnalité innée, celle qui nous place dans l'histoire familiale et dessine les traits exacts de notre identité quotidienne. Sur un plan technique, l'ascendant représente la maison I ; il est donc un *miroir grossissant :* on s'y voit et l'on y est vu. Le connaître est donc également très important.

✧ **La dominante planétaire :** sur les dix planètes et autres points importants d'un thème, il arrive qu'il y en ait plusieurs dans un même signe qui n'est ni celui du Soleil, ni celui de la Lune, ni celui de l'ascendant. Il peut arriver qu'une planète soit particulièrement importante et qu'elle se trouve dans un signe précis. Cette dominante est ordinairement calculée par les serveurs télématiques de qualité, et il suffit alors de se reporter à l'étude du signe de cette dominante.

☉ ☿ ♀ ♁ ☾ ♂ ⛢ ♆ ♇ ⚷ ♃ ♄

Ces différentes approches sont de sûrs moyens de bien utiliser cet outil très élaboré et très subtil qu'est l'astrologie. Sa structure minutieuse la rend parfois complexe et rébarbative pour certains qui préfèrent en rester à leur signe solaire (du moins, dans un premier temps), ou aller consulter un professionnel dans les moments clefs de leur vie. Mais, en astrologie, chacun fait comme il lui plaît, au niveau et au degré qui lui conviennent le mieux.

Comme disait d'elle André Breton, qui l'aimait d'amour fou, *« l'astrologie est une grande dame et une putain… »*. Comme toutes les grandes dames, elle demeure insondable et inaccessible aux *« pauvres vers de terre que nous sommes »* mais, comme les putains, on peut facilement l'aborder en superficie et jouir d'un plaisir légitime et réconfortant parce que éphémère…

3. La roue du zodiaque

a) Les signes, 12 étapes pour la conscience

Levant les yeux au ciel, l'homme vit la trace de la projection du Soleil sur la voûte céleste. Cette projection constitue le zodiaque, formé par 12 constellations, groupes d'étoiles dont on a aujourd'hui pris l'habitude de voir les dessins, et qui donnèrent leurs noms aux signes zodiacaux.

D'après les planètes et les constellations, les Babyloniens (les premiers) établirent un calendrier basé sur l'astrologie et les quatre saisons. Le nom des signes évolua avec l'histoire et les civilisations qui, tour à tour, s'approprièrent « le langage des astres » et le firent évoluer… Mais quels que soient les noms donnés aux signes, ceux-ci eurent toujours pour rôle de marquer l'évolution du Temps et donc, symboliquement, la progression de la personnalité. La roue du zodiaque évoque ainsi, en douze étapes, l'évolution de la personnalité humaine, l'éveil de sa conscience ainsi que le passage d'un plan de conscience à un autre.

Chaque signe a un rôle précis dans cette évolution. Du Bélier qui, avec le retour des forces vives primordiales analogiques au printemps symbolise l'ego à son stade le plus primaire, mais aussi le plus puissant, au Poissons qui, avec la période de la fonte des neiges et la dilution de toutes les certitudes terrestres, représente la disparition de l'ego humain et l'accès – le retour – à un plan cosmique infini et intemporel.

♈ ♉ ♊ ♋ ♌ ♍ ♎ ♏ ♐ ♑ ♒ ♓

b) Douze signes, six axes

Les 12 signes que nous connaissons fonctionnent deux par deux. Il existe en réalité 6 signes véritables, avec chacun une face et un dos (ou un endroit et un envers), mais la dynamique de base et les objectifs vitaux en sont identiques. Ces six axes sont les suivants :

♈♎ **L'axe Bélier-Balance,** ou *axe de la relation.* La relation humaine représente le cœur des préoccupations de ces signes, mais chacun y répond d'une manière opposée et, finalement, complémentaire.

✧ Le Bélier dit : « *Moi tout seul, j'existe face à l'autre.* »

✧ La Balance dit : « *Moi à deux, j'existe grâce à l'autre.* »

♉♏ **L'axe Taureau-Scorpion,** ou *axe de la pulsion.* Ces signes sont au cœur de la matière humaine et terrestre. Ils connaissent tous les secrets de la vie et de la mort, mais prennent des positions opposées par rapport à cette question de fond.

✧ Le Taureau dit : « *La vie est sur Terre. Je crée et je possède.* »

Jupiter, au centre du zodiaque.
(Sculpture du IIe siècle ; Villa Albani, Rome.)

✧ Le Scorpion dit : « *La vie passe par la mort. Je détruis pour transcender.* »

♊ ♐ **L'axe Gémeaux-Sagittaire,** ou *axe de l'espace.* Ces signes permettent d'accéder à une vision complexe, intellectuelle puis spirituelle de l'humanité. Leur maître mot est le mouvement, mais ce mouvement est vécu différemment par l'un et par l'autre.

✧ Le Gémeaux dit : « *Je bouge dans ma tête. Je conceptualise et je transmets.* »

✧ Le Sagittaire dit : « *La vie est ailleurs. Ma mission est ma quête.* »

♋ ♑ **L'axe Cancer-Capricorne,** ou *axe du temps.* Pour ces deux signes, tout est inscrit entre hier et aujourd'hui ; ils sont chacun à un pôle de la roue de la vie.

✧ Le Cancer dit : « *Je suis l'enfant de ma mère. L'imaginaire est ma réalité.* »

✧ Le Capricorne dit : « *Je suis le père de moi-même. Je gravis ma montagne.* »

♌ ♒ **L'axe Lion-Verseau,** ou *axe de l'individuation.* Ces signes sont ceux du stade de l'adulte accompli. Mais chacun voit différemment son rôle d'adulte parmi les adultes.

✧ Le Lion dit : « *Un pour tous. Je suis le modèle de référence.* »

✧ Le Verseau dit : « *Tous comme un. Je suis solidaire et identique à mes frères.* »

♍ ♓ **L'axe Vierge-Poissons,** ou *axe de la restitution.* A ce stade de la roue du zodiaque, il est temps d'abolir la notion d'individualité. On s'en réfère à l'âme et, plus qu'à soi, on pense à son prochain.

✧ La Vierge dit : « *Je me dévoue sur Terre. Je suis utile au quotidien.* »

♦ Le Poissons dit : « *Je lâche prise. A travers moi, la loi divine s'accomplit.* »

c) **Quatre éléments, trois croix**

Les quatre éléments Feu, Terre, Air et Eau, combinés selon ces six axes, s'associent également selon une répartition ternaire qui spécifie le type d'énergie élémentaire de chaque signe, ainsi que leur stade d'évolution initiatique. Nous aurons ainsi les trois croix suivantes :

♦ **La croix cardinale :**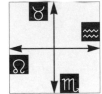
– *Bélier/Balance*
(Feu/Air ; masculin)
– *Cancer/Capricorne*
(Eau/Terre ; féminin)

C'est la **croix de l'Esprit.** En latin, le mot cardinal signifie « gond de la porte ». Les cardinaux *inaugurent l'énergie* de l'élément auquel ils appartiennent. Ils introduisent la notion de disciple propre à la période préparatoire de l'âme au passage de la porte de l'initiation. Ils représentent le premier stade de l'évolution de l'âme.

♦ **La croix fixe :**
– *Taureau/Scorpion*
(Terre/Eau ; féminin)
– *Lion/Verseau*
(Feu/Air ; masculin)

C'est la **croix de l'âme.** Ils sont les signes sacrés qui symbolisent l'énergie de l'élément auquel ils appartiennent. *Le message divin y est déposé,* d'où leur analogie avec les quatre évangélistes. Ils représentent l'âme à son aboutissement.

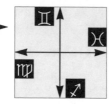

✧ **La croix mutable :**
– *Gémeaux/Sagittaire*
(Air/Feu ; masculin)
– *Vierge/Poissons*
(Terre/Eau ; féminin)

C'est la **croix du corps.** Elle spécifie le chemin de
la vie quotidienne à laquelle sont assujettis tous les
fils des hommes. Elle représente la crucifixion et la
difficulté journalière de ceux qui *servent le divin à
travers la matière* et son utilisation. Les mutables doivent transmuter l'énergie de leur élément.

Comme nous l'avons dit, nous sommes tous un
savant mélange de ces différents paramètres, mais un
signe se détache tout particulièrement sur notre chemin.

Un signe, une étoile, un message… A chacun son
Bethléem !

Découvrons-le à présent en détail.

I

La vie selon le Scorpion

1. Par la force des ténèbres, la vie...

*« **Je désire,** dit le Sanglier.*
Des êtres de la création, j'ai le cœur le plus pur.
Vivant dans la foi et l'innocence,
Je chemine sous la protection du ciel
Me dépensant sans compter.
Je suis riche de toutes les bénédictions,
Toujours au service de mes frères.
Ma bonne volonté est universelle
Et ne connaît pas de limites. »

❦

Opiniâtreté, ardeur et foi, voilà lancés les trois mots clefs du Scorpion, analogique au signe chinois du Sanglier. Trois mots qui claquent parce qu'on préfère les lire sous leur version sulfureuse et ténébreuse, comme on veut absolument attribuer les pires maux au magnifique – et donc difficile – signe du Scorpion. Avez-vous remarqué comme les regards s'allument dès qu'on l'annonce ? Tout le monde se met aussitôt à trembler, les uns de frayeur, les autres de jalousie et d'aucuns de mépris.

Peu « au clair » avec eux-mêmes, ils n'ont pas conscience d'être portés par le **désir,** l'aiguillon d'un désir qui vient de ce que l'inconscient sait déjà : l'être humain est à la fois ange et démon, prêcheur et pécheur, divin et diabolique, turpide et magnifique, glauque, petit, sale, ténébreux... mais aussi lumineux, resplendissant et magnanime une fois lavé de la partie inavouable de lui-même. Inavouable, mon Dieu, mais à qui et au nom de quoi ? Et lavé, oui sans doute, mais momentanément. L'amour-propre se lave au savon et le Scorpion n'a donc aucune prétention hygiéniste. **Nos turpitudes** – et elles seules – **sont nos moteurs les plus immuables.** *« En toi aussi qui es ange, vit cet insecte qui soulève des tempêtes dans ton sang »,* écrivit Dostoïevski, Scorpion s'il en est.

C'est que le Scorpion sait, l'effronté ! **Il sait sans même s'en justifier,** voilà bien le comble de l'irrévérence. Et surtout sans qu'il recherche les médailles officielles de son savoir, contrairement à son compère Lion qu'il fait d'autant rugir... Sa seule motivation est de remonter jusqu'aux **sources universelles et éternelles ;** or les médailles ne résistent pas à l'érosion du temps. Lui sait, depuis toujours et pour toujours, comme s'il était **né avec le monde** et que ses entrailles métaphysiques avaient gardé la mémoire du big bang originel. Une explosion de plus à rajouter dans les explosions incessantes qui se produisent depuis en lui, et grâce auxquelles se perpétue l'alchimie de la vie. Pas étonnant alors qu'il soit analogiquement lié au nucléaire, cet autre big bang réinventé et contrôlable enfin par l'homme.

Ce que le Scorpion sait le mieux finalement, c'est que la vie ne demeure pas : elle *devient,* car **vivre implique de se transformer...** Cette loi absolue de l'univers s'applique à la toute première des cellules de l'organisme humain, comme au premier choc de météorites qui, en s'embrasant et en s'agglomérant, produisirent la Terre et, au-delà, la cohérence non seulement de notre système solaire mais celle de l'Univers tout entier. Chocs, explosions, brasiers, accalmies et métamorphoses, voilà d'où vient la vie, voilà comment elle se perpétue ; voilà par où il faut en passer, sur un plan individuel comme sur un plan collectif, pour oser dire que l'on est vivant, c'est-à-dire **en perpétuelle transfiguration.** La vie s'amuse, la vie invente, par explosions nucléiques répétées. Elle fait avec ce qu'elle a, jusqu'à ce qu'elle en ait un peu plus. L'horloge cosmique ne s'arrête jamais.

Le Scorpion démontre ce principe au quotidien et cela agace bien du monde. Mais qu'importe finalement, puisque étant au cœur même du bouillon vital, il sait aussi qu'un jour ou l'autre chacun y viendra, même ceux qui n'y croient pas, qui ont peur ou qui le refusent. En attendant il ricane, s'amuse presque à **déplaire** et à **déranger.** Reprocher quelque chose à un natif, c'est le voir surenchérir ! Ne croyez pas qu'il renonce un jour à avoir le dernier mot… C'est qu'on n'est pas pour rien, ni impunément, le dépositaire des secrets de l'Humain !

Albert Einstein disait qu'*« il est plus difficile de faire exploser un préjugé qu'un atome » ;* aussi, fort de cette vérité, le Scorpion fait-il sauter pareillement atomes et préjugés. Dans sa marmite bouillonnante se font et se défont les cycles du vivant, se coud et se découd la vie.

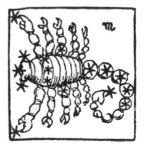

Le Scorpion, dans *De Astrorum sciencia* de Léopold d'Autriche.
(Augsbourg, 1489.)

2. La démangeaison des ailes : une maladie angélique

L'indifférence est la seule chose intolérable, car que faire de quelqu'un qui ne se sent pas concerné par l'essentiel ? *« Tant pis, tant pis pour les tièdes ! »* se dit alors le Scorpion. Ils n'ont aucun rôle à jouer ici-bas et donc encore moins Là-Haut. Ne sait-on pas que le Créateur lui-même les recracha parce qu'ils n'avaient aucun goût ?... Ceux-là, vraiment, faisaient la honte du monde qu'Il voulut, car quiconque est indigne d'être pécheur est indigne d'être repêché. Or, parmi les douze signes, il n'en est aucun qui soit à ce point **pécheur en toute conscience** de La cause.

Minuscule dans sa fange, « ver de terre » encombré de son enveloppe charnelle qui dicte ses désirs, le Scorpion est surtout le premier à se trouver exactement sous une trouée d'azur. *« Il savait bien qu'il faisait le mal, mais la nature humaine est si perverse, elle est si lâche cette nature humaine, que son bonheur furtif devenait plus ébranlant encore du double enivrement du crime et du mystère »*, écrivait Barbey d'Aurevilly.

La Lumière lui arrive directement dessus, comme pour mieux lui faire comprendre sa véritable place. La Lumière comme une condamnation ou comme un appel ? Telle est la question essentielle, l'incontournable moteur existentiel du signe. Comme dans la carte du tarot le Jugement, s'agit-il du Jugement dernier ? Ce peuvent être les sirènes de l'Eternel, celles de la Chute ou celles de la Résurrection.

Il s'agit toujours, dans ce signe, à la fois de **transmutation** et de **transfiguration,** par acceptation des lois fondamentales de la vie et par la cohabitation des forces de renoncement et des forces de défi.

Le volcan, les ibis volant au ras de l'eau... allégorie pour une transmutation.

(Peinture de Claude Feuillet, extraite du *Ventre de la Grande Femme d'Amazonie*, Côté Femmes éditeur.)

Le Scorpion souffre d'une étrange maladie angélique : celle de la *démangeaison des ailes* (1). Mais s'envole-t-il ou se contente-t-il d'être « malade » toute sa vie durant, maudissant son incapacité à décoller de là et rendant du coup la vie d'autrui aussi invivable que la sienne propre ? Sans Scorpion pas de Sagittaire, pas de possibilité de voir le ciel s'ouvrir par endroit mais, s'il est si triste, c'est que peut-être, lui qui sait, sait surtout qu'il risque bien de n'être qu'un merveilleux **tremplin d'envol... pour autrui.**

---

1. Voir, de Marie-Madeleine Davy : *Le Désert intérieur* (Albin Michel).

3. Aider à la transfiguration de l'humanité

« *Il y a des sorcières bénéfiques et des sorcières "méchanfiques"* », me disait un enfant. S'il refuse de jouer vraiment son **rôle de transfigurateur d'âmes,** le Scorpion a tout pour faire l'étoffe d'un anti-héros « méchanfique ». Glauque, jaloux, violent, dénigreur et borné dans sa destruction... qui est avant tout une autodestruction.

La magie noire se fait avec les mêmes éléments que la magie blanche : seule change la qualité d'âme. S'il sait, par contre, comprendre qu'il est **l'humus pour la transmutation collective,** c'est-à-dire qu'il comprend qu'à la huitième place où il se trouve les enjeux concernent l'humanité et non pas seulement sa vie personnelle, il devient ce qu'il est en substance : le prince magicien qui peut inoculer le feu ardent du Sacré et de la Connaissance. Gardé pour soi, par goût du pouvoir, ce feu sacré deviendra le pire des poisons alors qu'il constitue la potion d'immortalité une fois transmis à autrui.

Le Scorpion trace la route pour une autre humanité. Grâce à lui, à partir du Sagittaire s'ouvre le troisième niveau du cheminement de l'âme à travers le zodiaque : celui de la spiritualité. « *Hommes, le temps est venu d'être exactement vous-mêmes, sans atours ni fards, sans peurs ni demi-mesures. Défaites-vous de l'inessentiel si vous voulez transmutez. Ou bien mourrez, qu'on en finisse !* » Tel est en substance le discours principiel et inévitable du Scorpion et, si on observe notre époque, tout nous y ramène, pour le meilleur et pour le pire.

Le travail doit ici s'achever, sans quoi la vie n'a pas de sens, sans quoi on en resterait à regarder le ciel sans savoir que la terre y est liée. Il est temps de savoir qu'**il existe d'autres dimensions.**

4. A la recherche du soleil intérieur

Cette autre dimension que le Scorpion connaît et revendique, c'est avant tout celle de l'Invisible, de la face cachée – insoupçonnable et inconsciente – des êtres et des choses. Les natifs se méfient comme de la peste des éclats superficiels, des honneurs, des façades et de tous les leurres de la représentativité. Contradicteurs teigneux et lucides des normes, des codes et des règles communes, ils pourfendent ce que la majorité encense et respecte ; ils s'affirment bientôt comme des hors-la-loi, au risque de leur vie, au péril de leur confort, de leur reconnaissance et de leur bien-être – comme de celui de leurs proches – en **se positionnant délibérément contre tout.**

Selon eux, il n'est de vérité et d'intégrité qu'intérieures, et la norme absolue du Lion, celle du respect de « la loi du Père », les fait doucement rigoler quand elle n'éveille pas leur violence la plus impitoyable ou leur désobéissance quasiment suicidaire. Cela ne veut pas dire pour autant que le Scorpion n'ait aucune loi ni ne suive aucun code comportemental. Mais il tient à appliquer l'essentiel, à suivre son intime conviction et à régner sans partage dans le royaume de ses normes personnelles. Il joue à merveille son rôle d'empêcheur de tourner rond (et en rond), ne manquant pas une occasion de rappeler que **ce qui fut ne sera plus.**

Bien sûr, cette manière d'être repose sur une connaissance intime de la psychologie des profondeurs, de la « *shadow part* (2) » (la part d'ombre) de chacun. Sans turpitudes ni imperfections, l'être hu-

---

2. Voir, de Julia Kristeva : *Soleil noir* (Gallimard).

main n'avancerait certainement pas. Le Scorpion revendique toujours la possibilité de faire *autrement,* de vivre *autrement,* de trouver d'*autres* lois. Quitte à ce que ce soit à coups de pied dans le derrière, **il fait avancer.** Mais, là encore, il fait souvent plus avancer les autres que lui-même qui sait déjà tout et qui, dès qu'il apprend quelque chose de nouveau, s'empresse d'affirmer qu'il le savait déjà. Sa **prétention,** forcément agaçante, tient à ce qu'il affirme toujours avoir tout à apporter à autrui, et qu'autrui n'a jamais rien à lui apporter : « *Avant de chercher, je trouve* », clamait Picasso… Catalysant tout sur lui-même, il annule la loi des échanges vitaux. Et il ne comprend même pas – ou fait semblant – qu'on puisse en être agacé.

Le Scorpion sait bien des choses, mais il ignore totalement que **le rire, loin d'être une défaite, constitue la force la plus invincible.** Entre les valeurs nécessaires du doute, l'intransigeante remise en question créatrice et le négativisme acharné, systématique et stérile, il n'y a qu'un pas que le Scorpion évite rarement de franchir. A juste titre, on lui reprochera de se vautrer allégrement dans le dénigrement acerbe et de se complaire dans l'échec morbide. Sans oublier de se plaindre d'être « l'éternel incompris »…

5. Faire jaillir le dedans dehors ?...

Comment se fait-il que le Scorpion – qui a tant d'atouts – soit toujours soumis au syndrome d'échec ? C'est que les natifs ne sont pas préoccupés par le fait de réussir. Ils ne vont pas se lancer dans une course à la gloriole pour « devenir quelqu'un »… qu'ils savent être depuis leur naissance. Et pourtant, nul comme eux ne souffre autant d'être sans cesse à l'ombre, dans les coulisses, dans des cercles fermés et intimistes où ils étouffent plus qu'autre chose. Le Scorpion se retrouve toujours – sans bien savoir comment d'ailleurs – en train de faire compliqué alors qu'il pourrait faire simple ; « vivre simplement une vie simple » n'a pas de sens. D'un air crâne, le Scorpion laisse ça aux tièdes. André Malraux donna, dans *la Condition humaine*, une description qui ne laisse aucun doute sur son vécu, ni sur la tentative de transcendance qu'il rechercha à travers l'écriture : *« Sur la paix frémissante et cachée en lui comme son cœur, la douleur possédée refermait lentement ses bras inhumains. »*

Opiniâtreté, endurance, lucidité, exigence, capacité à abattre des tonnes de travail, à relever les défis et à renverser les montagnes, en plus d'un **talent inné** et d'une **créativité** à fleur de peau, voilà pourtant des qualités que très peu d'êtres comptabilisent à leur actif à la mesure et au niveau du Scorpion. Et c'est à cause de ces trésors en vrac, amoncelés

Shiva, sous sa représentation *Nataraja,* effectue la quintuple danse de la Création, du Mystère, de la Préservation, de la Destruction et de la Libération. Tour cosmique, tour de vie, éternelle ronde bien connue du Scorpion.

(Bronze indien.)

comme le sont les couches de lave entreposées au fond des volcans depuis les siècles des siècles, c'est de ne pas savoir par où commencer et comment s'y prendre pour faire jaillir cet humus de ses profondeurs, que le Scorpion souffre principalement. Il est le roi emmuré dans le palais de ses trésors inestimables, car la lave, source de vie, est aussi source de mort lorsqu'elle reste étranglée sans s'évacuer.

Le Scorpion a devant lui un boulot monstrueux. Puisqu'il est au centre de la transfiguration, il ne doit pas perdre de vue que celle-ci s'applique d'abord à lui. Cela impliquerait qu'au lieu d'être si prompt à inviter les autres à muer et à mourir à eux-mêmes, il se doit impérativement d'accepter de **mourir d'abord à lui-même.** Et cela, quoi qu'en pensent les natifs, arrive rarement et prend beaucoup trop de temps. *« Comme le vin, je me bonifie en vieillissant »,* dit Alain Delon, avec un sourire radieux inconnu dans sa jeunesse où l'on reconnaissait plutôt le magnétisme de sa beauté ténébreuse et ô combien violente !…

Le labeur est grand, les phases de **désespoir** noires et les **appels suicidaires** fréquents. On dit le Scorpion aux aguets, c'est qu'il est perpétuellement sur le qui-vive. Une seconde d'inattention et il retombe dans le magma sulfureux de ses laves intérieures, sans compter les échecs et les épreuves qui viennent sans arrêt se mettre en travers de ce cheminement laborieux vers le haut du cratère. De révolte en chute, d'échec en poussée, le Scorpion gagne peu à peu du terrain sur lui-même, contre « ses monstres intérieurs » et vers sa libération. Albert Camus – encore – l'exprime ainsi : *« J'exalte l'homme devant ce qui l'écrase et ma liberté, ma révolte et ma passion se rejoignent alors dans cette tension, cette clairvoyance et cette répétition démesurée. »*

6. « Il faut imaginer Sisyphe heureux »...

C'est bien la vision du soleil, tout en haut au-dessus de ce labyrinthe, qui lui ouvre la voie. Mais si par malheur il vient à disparaître – même momentanément – le Scorpion retombe. Ni Dieu, ni maître, ni loi, ni espoir ni amour et rien que destruction, souffrances infligées et ignominies de toutes sortes : « *Si Dieu est mort, tout est permis* » dit Dostoïevski dans *les Possédés*... **Sa référence centrale disparue, le Scorpion se consacre au Mal.** Au fond du trou d'accord, mais alors franchement !

Qu'est-ce que c'est que le Mal en dehors des définitions moralistes du terme ? Depuis la psychanalyse, on sait qu'il est la somme incontrôlable des « fantômes du placard », des émotions inexprimées, des hydres de l'intérieur qui peuvent dévorer l'être et lui faire dévorer les autres. Dire qu'on est « possédé » du Démon – ou d'un mauvais Esprit – ne renvoie pas à autre chose... Mais plutôt que de reprocher (souvent méchamment et stérilement) à autrui d'être la source de tous ses maux, de ressasser le ressentiment comme on se saoulerait de son propre poison, de se complaire dans les reproches, les bagarres, les oppositions et nourrir ainsi le syndrome d'échec, se condamnant à la roue infernale des répétitions, **le natif doit vider ses abcès, et se donner la chance de mieux canaliser sa fabuleuse énergie.**

Le Scorpion doit apprendre à « *imaginer Sisyphe heureux* », comme disait Camus, c'est-à-dire imaginer que le héros, bien que condamné (pour avoir réussi à tromper Hadès et être ressorti vivant des Enfers) à rouler sans cesse une pierre qui retombe – ce qui décrit à peu près le souvenir que garde le Scorpion de son enfance puis la condamnation aux travaux forcés qu'est son existence – puisse non seulement y trouver du plaisir mais croire, **croire sans cesse,** croire avant tout en la vie, ce qui est la Foi des fois. Sans quoi le Diable vous fonce dessus, le Diable qui a pour nom le désamour de soi et la désespérance, ce diable des diables intérieurs… Sans cette foi-là, le Scorpion roule sous le poids de sa pierre, devient glauque, destructeur, escroqueur et débauché, acharné à (se) faire mal, sans jamais connaître lui-même la transfiguration qu'il a pourtant enseignée à d'autres… S'il ne trouve la paix éternelle, c'est sa souffrance qui le devient. Une voix mortifère intérieure se réveille alors, tel un serpent persifleur susurrant que *« c'est trop beau pour lui, que ça ne peut pas lui arriver à lui, qu'il n'y parviendra jamais »*…

Les Sagittaires sont par définition les « transfigurés du Scorpion » par l'étape de transmutation énergétique inévitable et alchimique du Serpentaire (symbole qui n'est autre que celui du caducée d'Hermès-Mercure, emblème des médecins et pharmaciens). Se guérir soi-même en guérissant l'humanité entière, le voilà l'enjeu magnifique auquel est « condamné » le Scorpion. Etre médecin, magicien, astrologue, psychanalyste ou prêtre, n'est-ce pas faire le même métier de **transfigurateur ?** *« Je me sens au cœur du combat de l'homme contre l'Univers, et j'entends m'y maintenir ; je veux goûter jusqu'à l'intolérable, l'âcre saveur de l'héroïsme métaphysique. »* A travers ces mots, Jean Rostand, célèbre biologiste, prouve qu'il ne démissionna pas…*« Y'a qu'a ! »* dirait le Sagittaire (3), irritant de certitude, pour qui rien ne semble plus « fastoche » puisqu'il est déjà passé de l'autre côté. Mais a-t-il oublié que l'on ne devient pas si facilement aigle ?…

---

3. Voir *le Sagittaire,* dans la même collection (Dangles).

Le Phénix, symbole solaire, à force de persévérance
atteint le sommet inhabité de la montagne.
(Mosaïque grecque ; musée du Louvre, Paris.)

Il est vrai que ce signe est difficile, seulement voilà, **il est essentiel.** Il faut en retenir l'idée centrale du **Passage qui s'opère à ce stade.**

7. L'apport du Taureau

N. B : pour quiconque veut un peu évoluer en astrologie et sortir des critères rebattus, il s'agit en tout premier lieu d'arrêter de considérer qu'il existe six axes de deux signes opposés chacun. Loin d'être opposés, ceux-ci sont jumeaux : **le zodiaque est composé de six paires de signes jumeaux.** Ainsi, si chaque signe poursuit son objectif central, l'enjeu sur lequel repose le sens vivant de son existence, **la méthode pour y parvenir** (la « boîte à outils » et sa notice explicative) **se trouve dans le signe jumeau d'« en face »,** dont l'influence est décrite ci-après.

Le Taureau, signe jumeau complémentaire du Scorpion, lui est vitalement nécessaire. Nul comme le Taureau ne peut rassurer le Scorpion sur la beauté simple, parfaite et tranquillement appréciable de la vie. Il incarne cette foi en la vie qui lui manque tant. Contre l'insidieuse voix mortifère qui vient tracasser le Scorpion et le déstabiliser de l'intérieur, le Taureau peut opposer sa douce voix gutturale et réparatrice qui chante l'hymne à l'amour. Aucun autre signe ne peut ainsi dédramatiser le **tortueux univers intime scorpionnesque.** Face au doute, à la désespérance, aux excès et aux tendances suicidaires du Scorpion, le Taureau oppose les armes invincibles de sa force tranquille directement reliée à sa solide prise de terre. La tête sur les épaules, il ne risque pas de se laisser impressionner par les secousses sismiques, combien même seraient-elles répétées. Les bras croisés, l'œil coquin, le corps gourmand et le rire à fleur de bouche, le Taureau se pose là, immuable devant les tourments de son compère, et lui intime l'ordre tacite de se calmer. Il revendique la loi du plaisir dénué de préoccupations morales qui excitent tant le Scorpion. Dans la vision taurienne du monde, il n'y a pas de mal à se faire du bien, et il refuse net d'entrer dans le jeu pervers du Scorpion qui clame *« que ça fait tant de bien là où ça fait mal »*…

L'idée du divin les unit, mais ils lui donnent respectivement une définition différente : contre l'idée profondément judéo-chrétienne, reliée à des principes punitifs et rédemptifs, le Taureau oppose les forces de la Nature. **La Nature est le divin.** Elle est incarnation de Dieu et ne pas en jouir, ne pas y trouver sa joie et sa plénitude, c'est se montrer indigne de la vie et mépriser sa Création. Alors, ça va comme ça, il ne s'agit ni ne perdre son bon sens, ni de se lamenter sur son imperfection puisque celle-ci est manifeste partout, autour et en nous… De même que le Scorpion secoue heureusement le Taureau sur ses bases immuables pour l'obliger à aller plus loin, celui-ci lui permet de trouver des moments de plénitude et d'accalmie autant que de profond ressourcement. C'est un cycle fondamentalement initiatique qui circule dans cet axe Taureau/Scorpion et qui est à la base du dialogue qui s'y échange. Taureau et Scorpion connaissent pareillement les secrets de l'éternel humain, depuis toujours et pour toujours ; ils en sont les dépositaires pour l'humanité entière.

8. L'apport du Lion

Pour chaque signe existe un « total étranger », un signe « martien » qui, parce qu'il possède exactement les valeurs qu'il n'a pas, lui apporte une leçon essentielle. Pour le Scorpion, le « parfait martien » s'appelle **Lion**. Si le Scorpion veut bien s'y ouvrir, le discours de cet absolu étranger représentera pour lui autant de pistes de vie…

Le Lion et le Scorpion sont chacun rois dans leur propre royaume ; le Lion est le Soleil sur le plan de la visibilité terrestre et sociale, le Scorpion est le feu des profondeurs qui règne sur les âmes, l'Invisible et l'Eternel. Chacun, évidemment, méprise obstinément les valeurs de l'autre.

Le Lion a en horreur les méandres sulfureux et ombrageux où se complaît le Scorpion, l'accusant d'être « un ennemi de l'ombre », tortueux, caché, insincère, tel l'anti-héros destructeur et systématiquement dénigreur de la réussite visible – celle des autres mais aussi la sienne. Evidemment, car le Scorpion se méfie de la loi humaine et, au nom de l'Eternel, il dénigre tous les codes du monde terrestre ; alors les éclats, les prouesses et les illusions du Lion ne l'en rendent que plus sarcastique. Jaloux aussi, peut-être… Il est démangé par une irrépressible envie de le piquer au vif, d'autant qu'il est forcément celui qui sait le mieux le remettre en question et l'envoyer au tapis, et ne se prive pas de le faire. Le duel est sans merci, et il est difficile de dire « qui a raison, qui a tort ». Le Lion a raison en regard de la *réalité ;* le Scorpion a raison en regard de l'*essentiel* car il sait que le Soleil, c'est aussi celui qui brille en chacun, en son âme et conscience.

Pourtant, ces deux mondes du Visible et de l'Invisible, de la Lumière et des Ténèbres, du jour et de la nuit, du Ciel et des Enfers sont irrémédiablement liés, n'existent que l'un par rapport à l'autre, l'un grâce à l'autre. Le Lion représente ainsi la Loi, celle que nul n'est censé ignorer, pas même le Scorpion qui, à force de la biaiser, finit par la subir. Il peut finir par comprendre qu'au lieu d'agir contre elle, ou malgré elle, il peut avoir intérêt à agir **grâce à elle.**

D'autre part, si c'est vers le soleil intérieur du Scorpion que le Lion doit aller (4), c'est vers le soleil extérieur du Lion que le Scorpion se traîne péniblement. S'il intègre les valeurs léonines et accepte de les appliquer, le Scorpion gagnera sa bataille. Il lui faut retrouver l'unique, canaliser la multitude dans un couloir de sortie **et un seul.** C'est comme ça qu'on remonte à la surface, les spéléologues le savent bien. C'est Uranus qui parvient effectivement à faire remonter le multiple vers l'unique, à transformer Pluton en Soleil. Les idéogrammes parlent d'ailleurs d'eux-mêmes (voir dessin ci-dessous) :

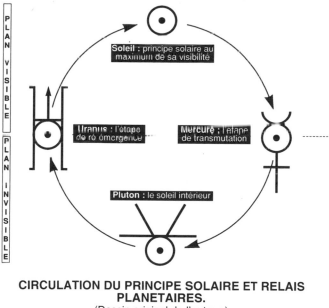

CIRCULATION DU PRINCIPE SOLAIRE ET RELAIS PLANETAIRES.
(Dessin original de l'auteur.)

---

4. Voir, dans la même collection : *Le Lion* (Editions Dangles).

Judas : trahir est aussi vénérer.

(Peinture attribuée à Louis-Jacques Durameau, XVIIIᵉ siècle ; musée des Beaux-Arts, Orléans.)

« Ta nuit est un jour d'où la lumière jaillit comme un feu » ; cette phrase des Ecritures s'adapte aux deux : au Lion parce qu'il ne doit pas mépriser la connaissance intérieure ; au Scorpion parce qu'il doit trouver l'outil pour remonter à la surface. C'est une **œuvre alchimique essentielle.**

9. Synthèse

Métaphysique, créateur, suprêmement intelligent, profondément désirant et vivant, résistant à pratiquement tout et redoutable adversaire – sachant qu'il n'a de plus digne adversaire que lui-même – le Scorpion est un signe passionnant. Habité par les secrets de l'Eternel humain et capable de tout pour prouver que sa vision du monde est la bonne, **il rend les services les plus essentiels et les plus utiles à l'humanité.** A coups de révolte, de dérangement et d'insurrection, il ne permettra à personne de « mourir idiot ».

Alors pourquoi bondit-on lorsqu'on prononce son nom, aussi secret et interdit que celui de l'Ineffable lui-même ? Pour les mêmes raisons, il touche à des zones qui dérangent tout le monde parce que le seul quotidien terrestre et matériel ne suffit à les contenir et à les exprimer. Du Scorpion, enfoui en lui-même, on n'aperçoit qu'un bout, quelque chose comme un dard – ou plus probablement une érection – qui terrorise les uns, révulse les autres et fascine la plupart.

Du moins un certain temps, car un peu c'est nécessaire, mais continuellement les mêmes principes extrémistes, abusifs, irrésolubles et destructeurs, ça lasse ! Le Scorpion intrigue, puis on en a assez de son échec et de son négativisme systématique et désespérant. Il peut tout pour nous, on ne peut rien pour lui ? Soit, qu'il reste seul ! Lui se dit qu'il y mettra le temps qu'il faudra mais un jour, un jour, il gagnera la couronne des élus.

La solution est donnée par Alice A.Bailey (5) : *« Garder ses yeux fixés sur l'aigle, faire descendre le feu, ne plus regarder le sol et se concentrer sur l'étincelle. »* Et, pour cela, renoncer d'abord à l'orgueil, à la soif de pouvoir et venir à bout des zones d'ombre…

Se souvenir qu'**entre la mort et la mort il y a la vie,** nom d'un Scorpion !

♏ SCORPIO.

Le Scorpion, extrait d'un manuel d'astrologie du XIXᵉ siècle.
(*The Astrologer of the Nineteenth Century,* Royal Astrological Academy, Londres.)

---

5. Voir, de Alice A. Bailey : *Astrologie ésotérique* (Dervy-Livres).

Danser, se libérer de ses voiles, s'absoudre
de la matière, s'envoler…
(Bronze hellénistique d'Alexandrie ;
collection Walter C. Baker, New York.)

II

Comprendre le Scorpion

1. La structure élémentaire

✧ *SIGNE FEMININ :*

Polarité féminine, en langage astrologique, exalte la composante réceptive, passive, aimante et accueillante, toutes grandes caractéristiques yin d'intériorisation, de principe nocturne, humide et froid. Cela donne des dispositions à accueillir, comprendre, protéger, réconcilier et retenir plutôt qu'à extérioriser, aller de l'avant, diviser et revendiquer. Cela signifie aussi que le signe est généralement **mieux vécu par les femmes,** car il y a alors harmonie entre la polarité du signe et le pôle sexuel de la personnalité. L'image d'une mère dominante et prépondérante demeure au centre de leur dynamique inconsciente, image souvent très perturbante, sinon mortifère de la joie de vivre et d'exister, pour les natifs. L'hydre contre laquelle les Scorpions se battent « à la vie, à la mort » est majoritairement celle d'une mère qui, au lieu de la donner, retient la vie. Alors, évidemment, pour sortir de là vivant et au grand jour... il faut beaucoup de temps et de résistance. Cela explique aussi une obstination qui ne peut être que violente.

Le Scorpion est tout de même surtout concerné par la bisexualité intégrée. Les femmes ne savent pas bien pourquoi elles ne sont pas des hommes, et vice versa.

La charge très libidinale – plus que sexuelle – du signe, implique que l'appartenance à une polarité précise semble bien floue, sinon bien absurde.

✧ *ELEMENT EAU :*

Comme le Poissons et le Cancer, le Scorpion fait partie de l'élément Eau, ce qui met l'accent sur ses qualités psychiques. Si les images liées au Feu peuvent se vivre et se rationaliser, celles liées à l'élément Eau se vivent. Gaston Bachelard écrit : *« L'être voué à l'eau est un être en vertige, la mort quotidienne est la mort... de l'eau. »* L'eau est l'immensité de l'inconscient dont tout peut surgir, rêve, imaginaire et règne des sensations qui semblent peu manifestes mais qui réunissent pourtant l'essentiel et la vérité de la vie. L'impressionnabilité est la caractéristique principale des gens de l'Eau, associée à la notion de réceptacle passif analogique au yin de la tradition chinoise. La vie intérieure est développée à l'extrême, car les sujets vivent « entre deux eaux », aux lisières des mondes invisibles.

Néanmoins, le symbolisme principal de l'élément Eau reste la **fécondité** et la **purification.** Toute vie sort de la profondeur des eaux : dans la nature, dans le monde animal, symbolique, psychique et humain. Dans la cosmogonie originelle de l'Univers – et ceci est vrai dans toutes les civilisations – la vie jaillit de la rencontre entre la Terre et l'Eau. Si l'Air est destiné à véhiculer le Feu-essence pour que la vie naisse, l'union de ces deux éléments fondamentaux est incontournable. L'univers maritime originel est porteur de tous les germes qui mûriront sur Terre. La notion d'eaux de l'espace, pourvoyeuses de vie, est présente universellement : dans la mythologie assyro-babylonienne c'est l'*Apsou,* eau bénéfique qui entoure la Terre, apportant

Jérémie, le huitième prophète, se lamentant sur les ruines de Jérusalem.

(Toile de Claude Vignon, XVIIᵉ siècle ; musée des Beaux-Arts, Orléans.)

bonheur et sagesse mais aussi, parfois, perfides démons comme c'est le cas dans la mythologie slave qui met en scène les figures destructrices des *Vodianoï* qui, selon les phases de la Lune auxquelles est soumise l'eau, rajeunissent et vieillissent.

Effectivement, quel que soit le mythe, lorsqu'on imagine le Chaos dont sortit l'ordre cosmique, on se représente une masse d'eaux indifférenciées. C'est le *barattage initial de la mer de lait* de la tradition indienne, eaux matricielles de l'Univers comme le liquide amniotique est celui de l'humain et qui, par sa blancheur et sa mouvance, n'est pas loin de rappeler le liquide fécondant primordial qu'est le sperme. La naissance du monde terrestre, symbolisée par celle de Vénus, dans la tradition gréco-romaine nous dit bien que du membre coupé d'Ouranos, dont les gouttes tombèrent dans les eaux neptuniennes (indifférenciées et fondamentales), surgit la déesse de la Vie. L'eau donne la vie mais aussi la régénère, ce qui confère aux signes d'Eau leur **force cachée et insoupçonnable de régénération et de résurrection.**

L'eau donne ainsi vie au corps, mais aussi à l'âme ; elle est, bien sûr, un grand symbole d'initiation et de transformation car elle amène à subir une épreuve de purification. On la retrouve dans le mythe du Déluge et du recommencement d'un monde purifié sauvé par Noé, comme dans celui des peuples qui, pour atteindre leur Terre promise, doivent auparavant traverser des épreuves liquides comme c'est le cas dans l'épisode de l'Exode du peuple juif conduit par Moïse à traverser la mer Rouge pour rejoindre la mer Morte.

La Lune, qui montre la route et figure l'image de l'Initiatrice, est d'ailleurs toujours associée à ces périples, surtout lorsqu'elle est vue comme une barque (forme de son croissant sur l'équateur terrestre) qui permet de voguer sur les eaux de la transformation, du passage sinon du Grand Voyage, comme celui des âmes des défunts dans le mythe du Styx.

Toutes les traditions ont d'ailleurs repris cette image d'un voyage fluvial ou maritime pour symboliser le moment de transformation qu'est la mort, ou celui de l'initiation comme dans la navigation des Argonautes en quête de la Toison d'or.

L'eau du Scorpion n'a cependant rien à voir avec celle du Cancer et encore moins du Poissons. C'est l'eau croupissante du puits, bouillon de culture pour tous les germes, porteurs de vie comme d'infections fatales. C'est aussi, surtout, une eau bouillonnante, celle des thermes qui donnent des eaux « rouges » chargées de soufre et d'oligo-éléments fondamentaux. C'est par excellence, au mieux, l'eau de Volvic elle-même dont la publicité dit justement : *« Un volcan s'éteint, un être s'éveille. »* Mais avant d'en arriver à ce stade magnifique et ultime, c'est l'eau au sens où la lave serait de l'eau, si tant est qu'elle coule et rend la terre fertile sur son passage. Chargée de feu et de l'humus vital, cette eau-là garantit en tout cas, l'avenir de l'humanité.

✧ *SIGNE FIXE :*

Comme le Taureau, le Verseau et le Lion, le Scorpion est un signe fixe, ce qui signifie qu'ils constituent le principe même de leur élément, le représentant dans son aspect le plus abouti. Cette fixité est aussi une rigidité, une force de cristallisation et presque de sclérose dans des modes de fonctionnement précis. Cela dénote aussi de la stabilité, de la fiabilité et de l'authenticité, mais parfois aussi une certaine routine dans l'obstination et l'habitude. Souvent manichéens, les signes fixes manquent de souplesse et d'adaptabilité.

Incarnant la fixité de l'Eau, le Cancer représente, à travers cet aspect encore, les qualités initiatiques, nourricières et transmutatoires de l'élément liquide, ses valeurs autant que ses nécessités purificatrices. L'énergie de l'âme y circule comme une onde pourvoyeuse et régénératrice, non éloignée de l'idée même de résurrection grâce à sa fonction dissolutive voire décapante lorsqu'il s'agit du Scorpion.

Le message de l'âme, celui de saint Jean en l'occurrence, est celui de la rédemption, de la **délivrance du monde inférieur pour un possible retour vers la Lumière primordiale** (ce qui aboutit, dans le dernier des fixes, le Verseau).

✧ *TEMPERAMENT LYMPHATIQUE :*

Le concept lymphatique renvoie, dans l'esprit de chacun, à des notions de mollesse et de fluidité. Il faut y ajouter une caractéristique de réceptivité qui fonde une vraie perméabilité tant sur le plan de la sensibilité, de l'émotivité, du psychisme, que sur le plan orga-

nique et notamment microbien. La qualité lymphatique organique renvoie à la qualité de l'énergie vitale
et à la réactivité immunitaire de l'organisme, mais
aussi du psychisme. Il y a toujours un tri à faire entre
ce qui est à soi et ce qui ne l'est pas, à la notion d'imbi-
bation et d'envahissement, autant que de possibilité de
modification des états de conscience sous l'effet souvent incontrôlable des médicaments (notamment des
neuroleptiques), des substances alcooliques et des surcharges de tout ordre.

C'est un tempérament à tendance intoxicante et
auto-intoxicante s'il en est, dans tous les sens du terme. D'où la nécessité intrinsèque de nettoyage, de
purification et de purge qui renvoie à la nécessité de
tri mais aussi de rationalisation mentale permettant de
retrouver une clarté psychique non encombrée de la
fluctuation plus ou moins glauque provoquée par les
états de fixation et de ressassement émotifs et imagi-
naires.

Le tempérament lymphatique possède surtout à son
actif une incroyable – car véritablement inattendue et
mystérieuse – **capacité de régénération** caractérisée
par une **force de récupération** qui permet de ressus-
citer, de faire peau neuve, de recouvrer ses propres
forces, de « faire surface » alors que l'on a été envahi
et noyé dans des mouvances diverses. Cela tient à l'état
de connexion permanente au Cosmique et à l'inconscient collectif ainsi qu'aux qualités d'empathie qui
caractérisent les lymphatiques Cancer, Scorpion et
Poissons ; capables de s'immerger dans toutes sortes
d'eaux plus ou moins nettes, apparemment passifs
devant l'invasion, il leur suffit d'un rien, d'un mouvement infime pour que, grâce à cette même fluidité, ils
ressortent indemnes, intacts comme s'ils n'avaient
jamais été touchés.

Dans ce cadre, le Scorpion est sans aucun doute celui qui s'en sort le mieux, le Cancer étant systématiquement celui qui, au contraire, cumule toutes les faiblesses de son lymphatisme. Le Scorpion a toutes les chances de transmuter ses énergies et même de trouver dans une maladie, ou une faiblesse, toujours momentanées, l'occasion de se fortifier à long terme.

✧ *LES ETOILES DU SCORPION :*

– **Antarès,** tout d'abord, l'une des quatre étoiles royales du plus beau rouge : rouge pétard, rouge baiser, rouge passion, rouge colère, rouge braise… Ou rouge lave ? A moins que ce ne soit rouge fauve aux couleurs de l'automne. Certes pas « rouge feu rouge » car le Scorpion le grillerait tout de suite. Alors rouge grill ? Oui, rouge flammes de l'Enfer. Plus sérieusement, c'est le **rouge du désir** sous-jacent à toute manifestation de la vie divine.

– **Le Serpent,** symbole de la Connaissance et des secrets chthoniens, mais aussi symbole de tentation sinon de fourvoiement. Symbole du cycle vie/mort/renaissance typique de l'axe Taureau/Scorpion.

– **Ophiuchus,** « l'homme qui lutte contre le serpent ». Lutte entre le Ciel et la Terre, entre nature et culture, entre corps et esprit. Lutte entre la part humaine et la part divine de l'homme. L'homme traverse sa partie sombre pour accéder à sa part lumineuse.

– **Hercule,** l'initié par excellence qui triomphe des épreuves initiatiques que sont les douze signes. Il convoite la couronne des élus et garde les yeux fixés sur l'aigle. Il découvre ce merveilleux symbole de lumière qui émerge et rend toute victoire possible.

2. Mythologie du signe

a) Par la magie du 8

A la huitième place du zodiaque, le Scorpion gouverne aussi la maison VIII, dite « de la mort » mais également de la métamorphose qui précède la IX, celle de la naissance au monde et du dépassement des horizons connus. Il s'agit bien, là aussi, d'une étape transmutatoire, même difficile.

Le 8, forme serpentine de signification énergétique évidente, est le chiffre du **lien entre Terre et Ciel,** celui de l'équilibre cosmique, le point de croisement représentant l'homme-antenne en prise directe avec les énergies cosmo-telluriques qu'il reçoit, qui le traversent et qu'il transmet. Toutes les traditions ont repris ce symbolisme de l'énergie parcourant ce chemin parfait entre les « mondes d'en haut » et les « mondes d'en bas » jusqu'aux centrales nucléaires contemporaines qui conservent cette même forme typique...

En appeler à la magie du 8, se soumettre à lui, c'est entrer dans le cycle de la transmutation spirituelle qui ne peut venir qu'après une phase catabolique de dépouillement de l'inessentiel. C'est certainement vouloir mourir à soi-même et à tout ce que l'on fut devant l'impitoyable tribunal des Enfers intérieur, en pensant qu'au bout des épreuves se trouve la couronne des élus, de ceux qui sont « passés de l'autre côté » par la force de Tara la Blanche, divinité tantrique du Passage... Il s'agit, comme dans le symbolisme du Serpent, d'une **tentative de ravissement de l'immortalité.**

Ainsi le 8 se retrouve-t-il dans la figure de l'octogone, figure intermédiaire entre le cercle ○ et le carré ❏ symbolisant ainsi les mondes intermédiaires. L'homme accomplit sans relâche ce parcours dont on peut dire

« qu'on s'y dévore, s'y féconde, s'y procrée, s'y tue et s'y ressuscite soi-même ». Sans oublier que la **phase de putréfaction** demeure au cœur de l'opération alchimique en tant que phase transitoire et occulte de l'Œuvre. C'est ce que l'on nomme l'Œuvre au noir rendu célèbre par Marguerite Yourcenar. Eugène Canseliet (1) la décrit comme *« l'inéluctable nécessité de la putréfaction féconde, pour toute matière quelle qu'elle soit, afin que la vie s'y poursuive, par-delà la trompeuse apparence du néant et de la mort »*.

> ∞ : le huit renversé, symbole mathématique de l'infini.

C'est tout cela la magie révélatrice du 8 que ceux qui veulent vraiment accéder à une autre dimension vitale doivent connaître un jour ou l'autre, quel que soit le moyen utilisé. Prétendre maîtriser ce type d'énergies sans y être préparé, sans conscience, ou avec des intentions impures, c'est s'exposer à des retombées de tous ordres qui ne manquent jamais de frapper les prétendus apprentis sorciers égarés. L'époque – plutonienne – est trop propice à ce genre d'expériences funestes pour ne pas le rappeler, quitte à sembler donner une leçon d'**humilité,** qualité qui sera mise en valeur dans le mythe de l'Hydre de Lerne résumé plus loin.

b) Les divins couples des Enfers

Dans toutes les mythologies on trouve un couple gardien et maître des Enfers. Partout, rappelant le lien intrinsèque entre le Lion et le Scorpion, les maîtres des Enfers sont frères ou enfants des divinités solaires. Et de fait, ténèbres et lumière sont non seulement liées, mais **solidaires** en toutes occasions.

---

1. Cité par Eric Aggur : *Sous le signe du Scorpion* (Bordas).

Dans la mythologie égyptienne, on trouve le couple **Seth-Nephtys,** gardien des Enfers, double négatif du couple Osiris-Isis qui sont d'ailleurs frère et sœur de Seth, le méchant, Juge des Morts qui reçoit les âmes pesées par Maât. Seth qui, par jalousie, dépeça Osiris, lança Isis dans le long parcours initiatique qui la conduisit à recréer son frère et à le réenfanter elle-même par autofécondation, après être allée le chercher aux Enfers. Elle y parvint avec l'aide de Nephtys qui joua vraiment un rôle à la fois de gardienne de l'Autre Monde aux côtés de son mari, mais aussi d'Eveilleuse car elle permit d'une certaine façon à Isis de découvrir la partie magique d'elle-même, son nom signifiant « Maîtresse du Temple ». Nephtys protège l'accès aux secrets, ou bien ouvre à eux.

Dans la mythologie assyro-babylonienne le couple **Enki-Enlil** est maître de l'*Apsou* originel, univers magmatique liquide qui enserre, porte et irrigue la terre et qui est souvent personnifié par Tiamat, la Déesse originelle qui donnera naissance au monde visible et invisible après avoir été dépecée par Mardouk. Dans cette même mythologie, les hommes-scorpions tapis dans les monts de l'Orient ouvrent les portes à Shamash, dieu du Soleil, mais les referment aussi derrière lui, l'emprisonnant à son retour. A Sumer, Isharra – une déesse des Eaux dépendante d'Enki – est figurée par un scorpion et renvoie à la déesse égyptienne Selket.

Le couple le plus connu est celui d'**Hadès-Perséphone,** couple gardien des Enfers dans la mythologie gréco-romaine. Hadès, frère de Zeus, se partage avec son frère le règne sur l'Absolu, Zeus aux Cieux et Hadès aux Enfers. Il enlève Coré, fille de Déméter et de Zeus, et « l'initiant » grâce au grain de grenade – allégorie de l'acte charnel – en fait Perséphone, son épouse, dévolue à la pesée des âmes et grande prêtresse

Enlevée par Hadès, Coré devient Perséphone.
(Marbre du XIXᵉ siècle ; musée de Strasbourg.)

des Mystères. Comme dans tous ces couples, les épouses pèsent les âmes et les font ainsi basculer dans le monde clos de leur époux. Monde clos car sans retour ; personne, sauf quelques héros célèbres (Orphée, Sisyphe, Héraclès...), n'en revient jamais. Charon, le passeur qui fait traverser le Styx – ou l'Achéron – sur sa barque, tout comme le redoutable chien à trois têtes Cerbère (lui-même fils de la vipère Echidna), et Thanatos (la Mort personnifiée) comptent parmi les serviteurs d'Hadès, garants du non-retour de cet ultime voyage. Ce sont autant de figures archétypiques de l'inconscient collectif telles que décrites par Jung. De Coré (Vierge) à Perséphone (Balance) – mais Corée = Perséphone = Proserpine (2) – on retrouve ici les étapes transmutatoires qui s'opèrent de Lion en Scorpion.

Quetzalcoatl, le dieu serpent à plumes.
(Sceau à tatouage mexicain ; Texcoco, 1521 apr. J.-C.)

2. Voir, de Joëlle de Gravelaine : *La Déesse sauvage* (Editions Dangles).

Hadès signifie « l'Invisible ». On évitait de le nommer, tout comme il était interdit de nommer Yahvé, car on redoutait de réveiller sa colère en l'interpellant. Aussi le désignait-on par des euphémismes, le plus courant étant Pluton « le Riche », allusion à la richesse inexhaustive de la terre, celle que l'on cultive mais aussi celle qui recèle les mines. Pluton est ainsi souvent représenté tenant une corne d'abondance, symbole de cette richesse, matérielle et spirituelle, puisque les richesses minières biophysiques ont leur équivalent dans les secrets de l'inconscient collectif et dans la connaissance de l'Invisible que détient aussi Hadès-Pluton (3).

c) Selket, la déesse-scorpion

Dans la mythologie égyptienne, on trouve la déesse-scorpion Selket, déesse des Embaumements et fille du dieu-soleil Râ, rappelant que la mort est fille de la vie. Selon la géographie mystique de l'ancienne Egypte, Selket gouverne le Sud, lieu mystérieux, lieu des Mystères. Le Sud est aussi sécheresse par la force du désert et du vent impitoyable qui calcine tout, brûle les yeux et soumet aux affres de la soif. Celle-ci est à l'origine même du nom de la déesse-scorpion puisque *SRQT-HTJT* qui la désigne dans la langue hiéroglyphique a pour signification « *celle qui fait respirer* (4) ». L'idée dominante de Selket, loin d'être celle de la mort, est bien celle de la **vie** procurée par le souffle, la respiration, sous oublier qu'il s'agit aussi d'une inspiration mystique. Une idée de vie bien analogique à Selket puisque, avec Neith, elle préside à l'accouchement, rappelant que chaque venue au monde

---

3. Voir, de Pierre Grimal : *Dictionnaire de la mythologie grecque et romaine* (P.U.F.).
4. Voir, de René Lachaud : *Le Chant des Neters* (Le Rocher).

est également issue de la féminité spirituelle de Neith et de la féminité sexuelle de Selket. On retrouve là le lien du signe du Scorpion à la sexualité, source de vie plus que source de mort.

C'est bien la vision moraliste de l'Eglise chrétienne occidentale qui a rejeté le Scorpion dans une zone d'ombre aux relents maléfiques. La pensée romaine, en particulier, fait du scorpion le symbole d'une absolue hérésie. En Egypte ancienne, au contraire, le scorpion est associé aux dents et aux intestins, c'est-à-dire au processus de mastication puis de **transformation de la matière en énergie vitale.** On momifiait les intestins à part en les plaçant dans des vases canopes mis sous la protection de Selket.

Le plus souvent Selket est une femme portant une coiffure en forme de scorpion. Ce n'est qu'à la basse époque qu'elle devient un scorpion à tête humaine, tout comme Isis devient un cobra ailé à tête de femme, ce qui leur confère le même rôle de **pourvoir à la vie** et d'**assurer l'initiation.**

Le hiéroglyphe du Scorpion, continue René Lachaud, est l'un des plus anciennement attestés. On le trouve déjà dans le nom d'un souverain prédynastique, le Roi-Scorpion. On peut le voir sur une tête de massue retrouvée dans l'antique capitale du Sud, Hiérakonpolis, creusant un canal avec la houe sacrée, celle qui ouvre la voie à la circulation de l'eau, et donc de la vie. Par ailleurs, les plus vieux totems de l'Egypte associés au pouvoir royal sont le faucon, le lion et le scorpion. On retrouve les emblèmes des quatre évangélistes eux-mêmes associés aux quatre signes fixes et réunis dans la figure du Sphinx. La continuité transculturelle est claire.

La puissance du Scorpion est toutefois toujours considérée comme redoutable. La force contractante

Selket, la déesse-scorpion.
(Bronze, basse époque égyptienne ;
musée du Louvre, Paris.)

du venin de l'animal est facile à mettre en action mais bien plus difficile est de la maîtriser et de la diriger. Ainsi la langue hiéroglyphique, lorsqu'elle doit tracer le scorpion, choisit-elle le scorpion d'eau dont la queue est dépourvue de venin, plutôt que le translucide scorpion jaune du désert à la piqûre foudroyante. Il s'agit toujours de savoir de quelle magie il est question, de la bénéfique ou de la « méchanfique »... En matière de pouvoirs, le dilemme est immuable et le natif du Scorpion possède pareillement ces deux possibilités en lui. Le chapitre 175 du *Livre des Morts,* intitulé "Formule pour ne pas mourir à nouveau" appuie ce point : « *Que mes ennemis soient comme des figues vidées de leur sève, Selket étant sur leurs entrailles.* »

La sagesse égyptienne, issue de leur suprême maîtrise spirituelle, nous apprend donc que le scorpion a pour rôle central de **réduire à l'impuissance les ennemis de la Lumière.** Les immobilisant, il rend possible la circulation du souffle vital. Mais un tel pouvoir alchimique est réservé aux initiés qui, seuls, savent en contrôler la puissance. On retrouvera textuellement cette signification associée au serpent.

Il est d'ailleurs, en Egypte ancienne, des « charmeurs de Selket » comme il existe des charmeurs de serpents. Cette très haute distinction désignait les membres de la plus ancienne corporation de guérisseurs métaphysiques, qui sont en prise directe avec les forces vitales secrètes qu'ils maîtrisent de bout en bout. On retrouve la « marque du scorpion-serpent » portée par tous les guérisseurs, du caducée d'Hermès-Mercure que reprirent les médecins, à l'insigne d'Æsclépios-Esculape et sa fille Hygia, jusqu'aux gnostiques. Ces « charmeurs de Selket » se promènent aujourd'hui encore sur les chemins de l'Egypte et agissent sans révéler le véritable patronyme de leur déesse, source de leur pouvoir magicien.

Leur devise reste celle du *Texte des Pyramides,* l'un des plus anciens textes du monde gravé sur les parois de la pyramide à degrés de Saqqara : *« Ma mère est Isis, ma nourrice est Nephtys, Neith est derrière moi et Selket devant moi. »*

d) Le serpent de l'Univers

Charmer le serpent revient, de fait, à la même chose que charmer le scorpion. Le symbolisme de ses deux emblèmes est identique : dans l'astrologie chaldéenne originelle, le signe était en effet représenté par un serpent puis l'astrologie grecque (les Grecs ayant a peu près tout « emprunté » aux Egyptiens en en dénaturant la majeure partie…) l'a représenté par la figure du Scorpion, ce que nous avons gardé. Mais dans les deux cas, on se retrouve confronté aux mêmes nécessités de maîtriser le pouvoir vital pour **vivifier** et **faire circuler la vie,** la faire passer après **transmutation à un degré spirituel et initiatique supérieur.**

Maîtriser le serpent, porteur de Connaissance, c'est prétendre à l'immortalité après avoir abandonné une

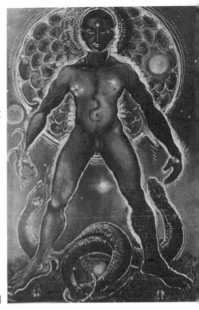

L'éveil de la kundalini.
C.G. Jung a mis en garde
contre les dangers guettant les
Occidentaux qui adoptent arbi-
trairement les techniques
orientales de développement
spirituel. Selon lui, l'Oriental est
caractérisé par *tamas,* la passi-
vité, alors que l'Occidental est
analogique à *rajas,* l'activité.
Ainsi, les exercices provenant
de l'Inde étant prévus pour sti-
muler l'activité du disciple, il lui
paraissait évident qu'un Occidental les pratiquant sans discernement courrait le grave
risque d'exacerber des caractéristiques personnelles déjà
trop développées.
(Tableau de Ingo Swan ; Now
York, 1964.)

certaine façon de vivre sa mortalité physique. C'est
faire triompher la Lumière, mais la **lumière au féminin,** celle de la vieille initiatrice qui sait et rappelle
qu'il s'agit de se référer au corps si l'on prétend
atteindre l'Ame plutôt que de se dessécher dans les
abstractions de l'Esprit. On se souviendra néanmoins,
pour aller dans le même sens, que la connaissance
divinatoire et mystique de la Pythie, au Temple
d'Apollon de Delphes, est en fait celle du Python tué
par Apollon qui, dès lors, parlera par la bouche de
l'Inspirée (5).

Dans la mythologie aztèque, enfin, on retrouve le
même symbolisme associé à la bataille entre le dieu
solaire **Tezcatlipoca** et le dieu-serpent ailé **Quetzal-**

---

5. Voir, dans la même série, *le Lion* (Editions Dangles).

coatl, tellement proche des représentations repti-
liennes ailées de la Déesse, en particulier d'Isis.

La représentation serpentine de la kundalini, énergie primordiale de la tradition indienne, lovée autour
du coccyx avant de circuler le long des nadis (vaisseaux) et des chakras (centres de force), n'est pas sans
lien avec celle de la glande pituitaire, organe de liaison entre Visible et Invisible, centre de connexion et
de connaissance, dont la marque se retrouve sur la
coiffure de Pharaon. Etre couronné du cobra c'est por-
ter sur soi la marque de l'**uræus,** signe du dépôt de la
Conscience suprême. Mais, pour que la liaison soit
parfaite, il ne faut pas oublier que la valeur numérique
du *shin* de l'alphabet hébreu renvoie dans sa forme et dans les énergies émises, à la structure de
l'A.D.N., « torsade de vie », mémoire de l'univers en nous qui, si on en démêlait la structure serpentine parcourrait, au moins, la distance de la Terre à la
Lune…

Ainsi, **la figure du serpent est-elle indéniable-
ment associée à la vie et à sa circulation,** avec valeur
d'éternité autant que de régénération.

e) L'Hydre de Lerne

Dans le pays d'Argos, une monstrueuse hydre à
neuf têtes (dont une immortelle) a élu domicile, vraie
calamité pour toute la région. Héraclès-Hercule, venu
à bout de la série de travaux précédents qui jonchent
son long parcours initiatique, doit ici affronter l'épreuve
suprême, celle qui signifiera le **passage d'un avant à
un après** radicalement différent.

Personne n'avait réussi à vaincre l'Hydre épouvan-
table, représentation de tous les monstres de notre
inconscient qui, comme la bête nauséabonde et sulfureuse, trouvent refuge dans les replis de nos « caver-

nes » intérieures. Hercule en vint à bout non pas en luttant – car à chaque fois qu'il coupait une des têtes, elle était aussitôt remplacée par deux autres – mais en appliquant le principe d'humilité et de pureté qu'il lui est demandé d'appliquer : « *Nous nous élevons en nous agenouillant.* » À genoux, il maintint l'Hydre à bout de bras au-dessus de lui « *afin que l'air vivifiant et la lumière purifiante puissent jouer leur rôle (6) »...* Puissante dans la vase, l'Hydre suffoqua alors sous les rayons du soleil. Ses huit premières têtes moururent ainsi. Hercule coupa ensuite l'unique tête immortelle qui sifflait encore et l'enterra sous le « rocher de la puissance », le rocher qui figure le triomphe de la vie sur la mort grâce à l'énergie de la volonté ardente et de la foi en une forme de vie supérieure.

Toutes les étapes de ce mythe transfiguratif sont à intégrer par les natifs.

3. Correspondances dans la mythologie égyptienne

Différente de l'astrologie occidentale dont elle est en partie l'origine, l'astrologie égyptienne apporte un autre éclairage aux signes et en découvre des aspects particuliers selon les périodes de naissance. On s'y référera pour élargir le champ de vision de son signe solaire occidental.

a) Natifs du 24 au 29 octobre : sous le signe d'Isis

Isis ou la patience : l'âme inscrite dans la plus lucide des quêtes, cette amoureuse superbe se fit messagère de la vie. Suprême magicienne, les orgueils et les mesquineries succombent devant elle, comme des

---

6. Rapporté par Francis Merchant, dans *les Douze Travaux d'Hercule* (Dervy-Livres).

lueurs trompeuses s'évanouissent au lever du jour clair. C'est en la puissance d'amour et de rédemption que la plus illustre des déesses égyptiennes trouve la force de protéger sous ses ailes tous ceux qui allaient dépérir d'amertume faute de croyance en la générosité sauvage des élans vitaux. Isis, seule et fière, stimulée par toute la force de l'attachement qui la voue à son frère et époux Osiris, est la mère de la nature vivante. Inlassable foyer de résurrection et d'indulgence profonde, Isis est souvent représentée sous la double protection de la croix ansée et d'un nouage, emblèmes de la perpétuation des origines et des descendances.

Naître sous l'exigeante protection d'Isis confère au natif une dimension de solidarité et d'union. Les natifs de cette période sont aptes à cultiver la noblesse de l'accueil. Il leur est recommandé d'aller là où ils pourront donner la vie et veiller sur elle. Il leur faut savoir accueillir, mais aussi apprendre à garder bien pures en leur âme leurs exigences, sans les croire trop cruellement remises en question lors de chaque déconvenue.

– *Signes amis :* Osiris et Thot.
– *Couleurs bénéfiques :* bleu (femmes) et blanc (hommes).

b) Natifs du 30 octobre au 7 novembre : sous le signe de Sekhmet

Dans l'Egypte ancienne, Pharaon est l'incarnation de Maât, la Conscience cosmique dont la Loi s'accomplit pour que la justice prévale sur la terre comme au ciel. Il est, en ce sens, dépositaire principal du Kâ, l'énergie cosmique primordiale et éternelle. L'œuvre du monarque parachève sur terre l'exploit divin, et il lui appartient de repousser le chaos afin que prédomine la lumière dans les échanges et dans la vie même de ses

(Dessins : Éditions Gendre-Cartax.)

Isis, Sekhmet et **Thot**.

sujets. Dieu vivant dont les actions fondent la vie, Pharaon siège ainsi au centre d'une écriture sacrée qui lui attribue de multiples doubles divinisés. La plus impressionnante de ces correspondances mythiques est celle qui le relie à la déesse-lionne Sekhmet, gardienne des Enfers. Au service de son père-soleil Râ, dans son cœur nulle pitié ne se lève pour altérer le sens pur et équitable de la justice. Aussi ne percevra-t-on jamais, sur le visage de Sekhmet, de la compassion ou du doute. L'appel du sentiment le plus mathématique de la justice est le moteur inaltérable de son action. Sekhmet campe sa stature à la ligne de partage, tracée par elle-même, entre les eaux du pur et de l'impur, du désordre et de l'ordre, du juste ou de l'injuste, du mortel et du divin. Le mortel décidé coupable est condamné par le regard de la féline ; par elle aussi son corps est déchiqueté. En Egypte, les lions étaient souvent représentés par couples, dos à dos, chacun d'eux regardant l'horizon opposé. Ce couple symbolise cette qualité de présence au monde, d'un regard qui jamais ne s'éteint, capable dans un seul mouvement de recenser et de contrôler, de juger voire de condamner.

Puissamment télépathe, observateur, autoritaire, intransigeant car entier, le natif de Sekhmet est handicapé pour construire en lui un principe d'indulgence et une véritable conscience impartiale. Son sens moral est parfois malheureusement renforcé par un principe de censure exercé à l'encontre des désirs et besoins d'autrui comme des siens propres, et par une trop forte dévalorisation des principes féminins et maternels, qui l'empêche d'ouvrir son cœur à des notions humaines autres que ses principes rigoureux.

– *Signes amis :* Bastet et Geb.

– *Couleurs bénéfiques :* vert clair (hommes), bleu turquoise (femmes).

c) **Natifs du 8 au 22 novembre : sous le signe de Thot**

L'ibis déhanche sa silhouette sur la promenade des berges du fleuve, là où le Nil est prolongé par la monotonie vigoureuse des voies d'irrigation. C'est toujours modestement que ce dieu oiseau Thot prend son envol pour donner quelques ingéniosités aux sens frustres des humains et, par compensation, communiquer à l'âme et à l'énergie une passion de connaître et de construire. Toute cette clairvoyance éloigne la désuétude, la ruse factice et l'impatient orgueil. L'enseignement de Thot pousse à inventer, à risquer sa propre voie dans le respect souvent anonyme de la tradition. La nature s'acharne à produire des maîtres éclairés qui, pour la dominer, doivent la servir sans prétention. Thot intervient comme la mémoire débonnaire et vigilante de cette sagesse. Patron des astronomes, des comptables, des guérisseurs et des enchanteurs, Thot est, des dieux de l'ancienne Egypte, celui qui exprime le mieux, et de façon très proche, la fermeté de la parole créatrice qu'il répète inlassablement à tout ce qui – humain ou végétal – donne aux rives du Nil leur fertilité.

Le natif Thot est enthousiaste, entreprenant, et ne méprise rien ni personne, si ce n'est la médiocrité et la mesquinerie. Courageux, il aime à prendre des risques, à la condition de s'engager dans des œuvres dont les finalités vont dans le sens du dépassement de soi. Il ne peut un seul instant songer à manquer à sa parole ou à duper autrui.

– *Signes amis :* Bastet et Isis.
– *Couleurs bénéfiques :* blanc (femmes) et rose (hommes).

❧❦❧

Ne prenez pas ces mythes pour des historiettes sans intérêt !

Les mythes éclairent l'inconscient collectif et, à des niveaux plus ou moins importants, ces images tapissent l'imaginaire des natifs, ces « drames » se vivent en chacun d'eux, aux moments clefs de leur existence. Les avoir repris ici en détail a pour but de mieux faire comprendre les principes clefs de la dynamique existentielle.

4. Synthèse : le cœur innombrable

Le stade du Scorpion est celui de la possible ouverture sur l'univers dans la droite perspective des citoyens du monde que sont les Sagittaires. Il s'agit ici d'**émergence de la Religio,** qui n'est pas à confondre avec la religiosité dans le sens où le mot est généralement compris. La Religio est l'*art de la reliaison,* du fait de se « relier à » plus grand que soi… Dans une représentation traditionnelle du monde, l'être humain ramperait dans un monde désabusé et résigné parce que fondé sur une vision manichéenne forcément limitative, que l'on a résumée ainsi : soit Dieu est juste, soit il est injuste. Or **c'est la vie qu'il faut aimer pour qu'elle vous porte.** L'être découvre alors qu'il porte en lui une étincelle qui, vivifiée selon l'Art, le portera – au moyen de la réconciliation des opposés – jusqu'à la **guérison,** reliant le Moi et le Soi, la Terre au Ciel, le féminin au masculin, le corps à l'âme, le charnel au divin et l'individuel au collectif.

Ainsi le Scorpion **réunit et dépasse** les préoccupations et interrogations de tous les signes qui l'ont précédé en même temps qu'**il semble « payer »** pour toutes leurs erreurs et imperfections. Mais c'est qu'il est sans doute **le seul à pouvoir dépasser tout cela.** Son problème n'est plus alors celui de Sisyphe, et sa prière au dieu de son cœur peut se résumer ainsi : « *Rends-moi digne de marcher dans la lumière. Donne-moi la force d'éclairer autrui.* »

Il peut jeter au monde cette belle phrase d'Anna de Noailles (7), poétesse et femme du monde du début du XXᵉ siècle : « *Et sur l'abattement de la tristesse humaine, je laisserai la forme unique de mon cœur.* »

_____

7. Anna de Noailles : *Le Cœur innombrable* (M. de Maule Editeur).

5. Résumé : forces et faiblesses du Scorpion

a) Les forces du signe

🔸 Ténacité, opiniâtreté, résistance, courage…

🔸 Intransigeance, intégrité, loyauté, authenticité…

🔸 Lucidité, discernement, acuité d'esprit, perspicacité…

🔸 Clairvoyance, médiumnité, intuition, prescience innée des choses…

🔸 Conscience collective et métaphysique, solidarité…

🔸 Impartialité, sens de la justice, noblesse indicible…

🔸 Intensité, énergie, passion, enthousiasme…

🔸 Grande fécondité et dons créatifs immenses…

🔸 Emotivité, sens du secret et pudeur…

🔸 Magnétisme, sens du public et de la foule…

b) Les faiblesses du signe

🔸 Fourberie, manipulation, ruse, insincérité…

🔸 Véhémence, brutalité, méchanceté gratuite, sadisme…

🔸 « Criticisme » extrême, destructivité, répétition de l'échec…

🔸 Envie, jalousie, possessivité, exigence…

🔸 Sévérité, intransigeance, ivresse du pouvoir, tyrannie…

🔸 Perversité, immoralité, goût de la complication et du glauque…

🔸 Extrémisme, nihilisme, exclusivisme aveugle…

🔸 Asocialité, goût de l'opposition et de la contradiction…

🔸 Arrogance, dénigrement, mépris, égoïsme…

🔸 Arrivisme, cupidité, avidité, luxure…

🔸 Moralisme, goût de l'expiation et de la souffrance…

La constellation de l'Aigle.

Hercule tuant l'Hydre de Lerne.
(Terre cuite étrusque ; musée du Vatican, Rome.)

III

Les ascendants du Scorpion

Comme nous l'avons dit dans l'« Introduction », le signe ascendant, représentant la maison I, reflète votre personnalité.

Sur le plan astronomique, si le signe solaire indique la position du Soleil au mois de la naissance, l'ascendant pointe la position du Soleil aux jour et heure de naissance. Si le Soleil indique métaphoriquement la façon dont on perçoit la lumière, l'ascendant indique la manière dont on voit « midi à sa porte » et, à l'intérieur d'un même signe, chaque ascendant permet de le voir différemment, c'est-à-dire de **percevoir la réalité sous une autre facette…**

En ce sens, l'ascendant est un miroir grossissant à travers le prisme duquel on se voit et l'on est vu. Il est donc très important et, afin de mieux en cerner les caractéristiques générales, nous vous recommandons vivement de lire l'ouvrage de cette collection qui lui est consacré. En attendant, vous trouverez ici une première approche succincte de votre signe solaire avec les correctifs donnés par les 12 ascendants.

Si vous ne connaissez pas encore le signe de votre ascendant, son calcul – sans être très complexe – est néanmoins assez long et délicat, devant se référer à quatre tableaux différents. Nous vous conseillons de vous le faire préciser instantanément par un serveur astrologique télématique ou un ordinateur de calculs astrologiques.

Astrologues
arabes effec-
tuant des
observations.
(Gravure du
XVIe siècle.)

1. Scorpion/ascendant Bélier ♏︎↗︎♈︎

Une présence hors du commun, une personnalité
de roc et une combativité incroyable. Egalement une
violence dévastatrice, d'autant qu'elle est incontrôlée
et pulsionnelle, fusant sans que même l'intéressé s'en
rende compte ni en mesure les effets, autant sur lui-
même que sur les autres. L'inconscient est aux prises
avec les désirs de vie et de mort les plus violents qui
soient, et avec une agressivité pas toujours facile à
accepter.

Cela donne aussi une capacité à faire plier les montagnes les plus hautes et à pulvériser tous les obstacles
qui se présenteraient en cours de route. Mais les désirs
gouvernent trop les natifs qui « marchent » tirés par
leur sexualité mal canalisée, surtout dans leur jeunesse
ardente et passionnée. Il faut vraiment beaucoup les
comprendre, les aimer, les supporter et désamorcer
leur violence.

2. Scorpion/ascendant Taureau ♏⌄♉

Ils connaissent tous les secrets de l'humain et s'en servent – sans s'en rendre compte – pour vous tirer par le « bout du sexe ». Ils sont extrémistes, idéalistes, colériques, exigeants, intransigeants… mais aussi passionnés et magnétiques. L'angoisse et le désir se partagent leur âme ardente et ils vous entraînent dans leur monde, à la vie à la mort !

Pas de compromis ou de demi-mesure ; ils sont animés d'une force à abattre les montagnes et s'avèrent de vraies bêtes de travail… jusqu'au moment où la certitude de la fin les prend et leur fait tout détruire, jusqu'à leurs rêves les plus réussis. Désir et impossible se côtoient en eux, mais ils sont souvent plus constructifs pour les autres que pour eux-mêmes.

3. Scorpion /ascendant Gémeaux ♏⌄♊

Derrière leurs mots cinglants – et sanglants – de la profondeur et une vérité nue qui, souvent, dérange parce qu'elle semble sortie des entrailles de l'univers. De fait, ils savent tout, ressentent tout, sont de redoutables médiums. Reste à voir ce qu'ils en font. Un mystère les entoure, dont ils peuvent vouloir jouer. Ils mettent souvent du temps (quarante ans environ) à alléger leur inconscient lourd et ténébreux.

Ils ne ratent aucune faiblesse, ne lésinent pas sur la critique et le cynisme, savent comment parvenir à leurs fins, usant pour cela du paradoxe et de la duplicité. On se méfie d'eux, ils surenchérissent. Ils sont les seuls à savoir s'ils sont sincères, mais entretiennent le doute. Ils ont horreur des peureux, des « petits », des rabougris et ne se plient que devant beaucoup plus forts – et plus sexuels – qu'eux-mêmes.

4. Scorpion/ascendant Cancer   ♏♋

Oh ! ceux là sont beaucoup plus compliqués qu'ils n'en ont l'air… et beaucoup plus coriaces aussi ! Secrets, ardents, entièrement instinctifs et intuitifs, ils ont un côté mante religieuse qui leur confère une aura magnétique incroyable. Connectés en permanence sur l'Invisible, ils auront plutôt tendance à verser dans les pratiques ésotériques et la superstition que dans la véritable illumination spirituelle (tout en affirmant le contraire…).

Fascination et relations compliquées sont de la partie. L'enfance – difficile neuf fois sur dix, avec une image de mère dévorante – leur a légué une angoisse de fond qu'ils ont besoin d'éclaircir. L'idéalisme les tenaille, le voyage les motive, la dramatisation les intéresse. Il faut les aider à se simplifier et leur résister pour les intriguer.

5. Scorpion/ascendant Lion   ♏♌

Détermination, autorité, énergie et magnétisme fascinants. On ne sait jamais vraiment ce qu'ils pensent malgré leur éloquence et leur réussite professionnelle hors pair. Ce sont des dominateurs nés qui doutent d'eux-mêmes car ils se remettent constamment en question et en réponse. Ils connaissent tous les secrets, mais voudraient les ignorer.

Philosophes, intellectuels autant qu'intuitifs, généreux et profonds, ils n'admettent ni médiocrité ni lenteur, aiment le secret et les joies sexuelles. Aident sincèrement ceux qui sont à leurs côtés et qui s'avèrent capables de soulever toutes les montagnes… et tous les lièvres. Attention lorsque le caractère très intransigeant devient dictatorial.

6. Scorpion/ascendant Vierge ♏︎♍︎

La pulsion sexuelle (celle qui taraude de l'intérieur et rend fou d'incommunicabilité), l'impossibilité des rapports simples et la complication de leur univers intérieur... tout cela est à la base d'une angoisse laminante et inaltérable, jonchée de manques, de désirs, de volonté de progresser presque maniaque.

L'ambiguïté de l'identité sexuelle couronne le tout. L'agressivité et l'autodestruction les guettent. Bref, ils n'aiment que la passion, la passion de la perte puis celle de la conservation. Ils donneraient tout pour qu'on leur simplifie la vie et la leur fasse aimer...

7. Scorpion/ascendant Balance ♏︎♎︎

Leur charme est plus ténébreux, leur sexualité bien plus exigeante, leurs flirts avec la violence et l'auto-destruction indéniables. Ecartelés entre le besoin de plaire et celui de se faire lacérer, anxieux, dépressifs sur les bords, ils ne se sentent pas la force d'assurer leurs intransigeances. Alors ils craquent... et s'en veulent.

Ils ont trop tendance à souffrir dans l'affectif et à se choisir des bourreaux morbides, en particulier les femmes. Et puis, il arrive quand même qu'ils transcendent tout – d'un coup – aux abords de la quarantaine, réveillant leurs dons artistiques et créatifs...

8. Scorpion/ascendant Scorpion ♏︎♏︎

Engloutis dans un monde qui se moque de la visibilité et du réel, ces natifs cherchent encore leur véritable identité. Ils sont victimes ou sadiques, surtout à l'égard d'eux-mêmes. D'une sensibilité écorchée, saints ou démons, ils sont dépressifs, voire suicidaires par phases.

Les femmes ne savent pas bien assumer leur fatalisme qui se retourne contre elles. Pourtant, elles fascinent et pourraient se contenter de régner. Les hommes sont tourmentés par des désirs inavouables. Obsédés par leur marginalité profonde, ils s'en sortent par la création ou l'action sociale acharnée car ce sont des bourreaux de travail. Ils ont besoin qu'on leur simplifie la vie.

9. Scorpion/ascendant Sagittaire ♏⃗♐

Ils ont une très haute idée de ce qu'ils nomment leur « mission », et possèdent les moyens d'y parvenir. Ils vont parfois jusqu'à trop se dépenser. Energiques et cultivés, ils poursuivent un idéal qui leur semble cependant peu terrestre. Ils répondent à une forte idée du Bien. Réussir dans la vie, se « débarrasser » de leur inconscient, venir à bout de l'ombre, voilà des motivations tenaces. Ils doivent accepter d'aller y plonger pour pouvoir progresser.

Le négatif fait partie de la même photo : ils le savent mais ont bien du mal à l'accepter. Leur respectabilité n'a d'égale que leur exigence sexuelle.

10. Scorpion/ascendant Capricorne ♏⃗♑

Quoi que ces natifs montrent d'eux-mêmes, ce qu'ils cachent est nettement plus important car ils ne savent pas exprimer ce qui les habite pourtant de façon impérieuse et encombrante. Energie, volonté, intelligence et élans sexuels sont teintés de rédemption.

Ils sont pourtant si tendres derrière leur froideur pudique et leur goût du secret et de l'isolement ! Leur conscience collective est très développée et ils sont prêts à livrer toutes les batailles métaphysiques.

Novembre, enluminure extraite des *Très Riches Heures du duc de Berry* (début du XVᵉ siècle).

11. Scorpion/ascendant Verseau ♏︎ ♒︎

Ces natifs se caractérisent par leur indépendance, leur marginalité et leur révolte systématique, que porte leur lucidité exemplaire. Ils remuent autant dans leur tête que dans l'espace et militeront jusqu'au bout pour un monde rénové. Ils posent des problèmes vrais et irrésolubles dont ils sont les seuls à entrevoir la solution.

Idéalistes, ils préfèrent néanmoins avoir du pain sur la planche que mourir idiots ou se montrer défaitistes. Ils voudraient sublimer leur instinct et rationaliser leur fougue, mais n'y arrivent que momentanément. Toute leur vie est bâtie autour de leurs amis qui sont tous des êtres hors du commun... comme eux-mêmes !

12. Scorpion/ascendant Poissons ♏︎ ♓︎

Inspirés, médiums, angéliques ou méphistoliens, ces natifs voient et entendent ce que personne ne soupçonne. Ils ont l'intuition de la nuit et de l'envers des décors et suivent les ondes éternelles qui gouvernent leur pas sinueux mais ô combien entraînants ! Finalement, l'illusion leur tourne autour et ils mettent du temps à trouver la porte de sortie de leur univers fantasmagorique, et souvent sombre. Ils sont guettés par toutes les noyades, mais renaissent perpétuellement de tous leurs naufrages.

Ils sont la mémoire de l'Univers. Certainement magiciens, ils hésitent encore entre la magie blanche et les messes noires. Leur sensualité est redoutable, d'abord pour eux-mêmes mais aussi pour quiconque tombe dans leurs sables mouvants... Canalisés dans la création, ils deviennent sublimes...

IV

Energie et santé

1. Lecture cosmogénétique du zodiaque

Poussière d'étoiles, jumeau énergétique du cristal, de l'océan autant que du chimpanzé (lui-même plus proche de l'homme que du gorille...), l'humain reste un élément de la matrice cosmique qui, par l'intermédiaire de la matrice-mère, lui a permis de s'incarner... par un hasard que même les astrophysiciens les plus avancés sont toujours en train de chercher à découvrir et à expliquer. La plus grande des magies – celle du mouvement permanent des ondes vibratoires – se joue *autour* de nous, *en* nous, *avec* nous, *grâce* à nous, mais aussi parfois *malgré* nous lorsque nous l'ignorons. Les recherches scientifiques les plus pointues viennent aujourd'hui rejoindre la Tradition pour nous redonner conscience de notre identité énergétique sur laquelle nous continuons de fonctionner et qui nous spécifie tout particulièrement.

L'astrologie nous connecte directement sur cet univers vibratoire dont nous sommes issus et que nous portons en nous, à travers l'équilibre – ou le déséquilibre – qui s'établit entre nos trois corps (physique, mental et éthérique). Un thème astrologique est ainsi la carte des circulations énergétiques harmoniques ou disharmoniques dont nous sommes journellement le théâtre ; elle permet de voir immédiatement

le **type des énergies qui sont véhiculées par les planètes en présence,** et par les aspects que celles-ci forment entre elles. Au moment où l'Occident retrouve le
sens de l'énergie et où pullulent les tentatives de
mieux l'appréhender pour mieux la maîtriser, il est
bon de rappeler que l'astrologie est, depuis des millénaires, le premier outil que l'homme se soit trouvé
pour se replacer dans l'univers vibratoire dont il est né
et pour tenter d'en percevoir le sens et les possibles
illuminations.

A chaque planète correspond ainsi une *énergie précise* et à chaque signe correspond une *identité énergétique* qui trouve ses manifestations dans tous les
domaines du vécu ; en particulier lorsque la circulation
ne se fait pas et que s'installent les nœuds gordiens
qui bloquent l'harmonie, dans le domaine de la santé
apparaissent alors divers troubles, voire des maladies.
Puisque chaque signe fonctionne sur une énergie précise qu'il utilise toujours d'une manière chronique, les
déséquilibres et les troubles qui le guettent peuvent
être répertoriés et corrigés. C'est alors la recherche
d'un meilleur équilibre entre *excès* et *manques* qui
rétablit le bon fonctionnement de la circulation énergétique et du bien-être général de l'individu.

2. Les mots clés de l'énergie Scorpion

– **Insondabilité :** en tous les cas multiple et bigar-
rée, c'est-à-dire composée d'éléments divers et ayant
des portées diverses et prenant des expressions différentes. Cette caractéristique est à la fois l'atout et le
défaut majeur de l'énergie du signe, suivant que le
natif apprend à ne pas se laisser submerger, envahir,
ou désespérer par ses propres trop-pleins.

– **Résistance :** la capacité de résistance et de « sur-
vie » sur tous les plans reste aussi très caractéristique

du signe. La volonté, l'obstination, la possibilité de remettre mille fois sur la planche le travail à effectuer – qu'il s'agisse d'un travail sur soi ou d'une action sur l'extérieur – demeurent parmi les atouts des natifs. De phases de découragement et d'épuisement en phases de défi – sinon de révolte – il s'agit toujours, pour eux, d'aller jusqu'au bout.

– **Transmutation :** transformation obligatoire et bienvenue des énergies autant intérieures qu'extérieures ; la manière innée dont les natifs renaissent

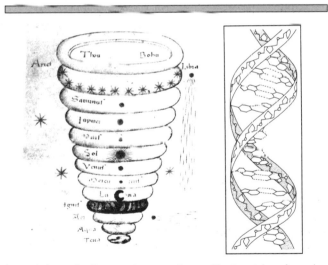

Le schéma de l'ascension mystique, illustrant les énergies planétaires marquant les paliers de l'évolution de la conscience (manuscrit d'astrologie du XVᵉ siècle, à gauche), se retrouve dans la structure aujourd'hui connue de la molécule d'A.D.N. (à droite). Confirmé par la théorie des fractals, récemment découverte en physique, le lien entre le macrocosme et le microcosme est enseigné par la Tradition depuis des siècles. Par l'existence de ses trois corps, l'homme participe à son origine cosmique.

sans cesse de leurs propres cendres en passant de leur versant d'ombre à leur versant de lumière tient pratiquement du miracle, au point qu'on peut les soupçonner de jouer avec cet atout... qu'ils sont d'ailleurs souvent les seuls à percevoir comme tel et à savoir utiliser à souhait.

3. Les correspondances énergétiques

a) La Tradition indienne

Avec le Taureau, le Scorpion est analogique au **Muladhara chakra,** ou *chakra-racine* de la Tradition indienne.

Ce chakra (1) représente la base de l'énergie vitale, la plus forte concentration des sources vitales et fécondes qu'il faut néanmoins « secouer » pour que l'énergie débute son cheminement vers les centres énergétiques supérieurs. Dans l'iconographie tantrique, on représente ainsi la kundalini endormie, roulée tel un serpent (2) autour du sexe de Shiva qu'elle possède au fond de sa gorge. Ainsi obstrue-t-elle l'accès conduisant au sommet du crâne, là où l'énergie se libère de son enveloppe terrestre et retourne au cosmos originel. On dirait ici une allégorie de l'axe Taureau-Scorpion, oral-anal, axe d'énergie sexuelle et créatrice pure et principielle.

Lorsqu'on regarde le mandala de *Muladhara,* on voit un triangle la pointe en bas qui symbolise l'Energie primordiale de la *Shakti.* Il représente l'Eternel féminin *(yoni),* source de vie principielle, engendre-

---

1. *Chakra,* ou centre d'énergie. Le corps humain en comporte sept. Voir, de Lilla Bek : *Vers la lumière. L'éveil de vos centres énergétiques* (Editions Dangles).
2. *Kundalini :* énergie primordiale incréée.

CHAKRAS HINDOUS ET LEURS CORRESPONDANCES ENERGETIQUES

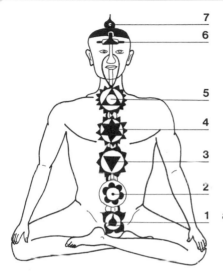

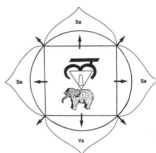

Muladhara chakra,
analogique au Scorpion.

7. **SAHARSRARA** (chakra coronal – Porte du Ciel)
Pierre de rééquilibrage : diamant.
6. **AJNA** (chakra frontal – Troisième œil)
Axe LION-VERSEAU.
Pierre de rééquilibrage : jaspe.
5. **VISUDDHA** (chakra laryngé – Gorge)
Axe GÉMEAUX-SAGITTAIRE.
Pierre de rééquilibrage : émeraude.
4. **ANATHA** (chakra cardiaque – Cœur)
Axe BÉLIER-BALANCE.
Pierre de rééquilibrage : rubis.
3. **MANIPURA** (chakra ombilical – Solaire)
Axe VIERGE-POISSONS.
Pierre de rééquilibrage : rubis.
2. **SVADHISTHANA** (chakra sexuel – Sacré)
Axe CANCER-CAPRICORNE.
Pierre de rééquilibrage : topaze.
1. **MULADHARA** (chakra coccygien – Racine)
Axe TAUREAU (kundalini)-SCORPION.
Pierre de rééquilibrage : améthyste.

ment de toute manifestation, capacité de créativité et d'intuition en général. Au centre du triangle se trouve un phallus *(linga)* qui instaure la complémentarité de la puissance d'action de cette énergie primordiale. Ces deux aspects sont présents en chaque individu et doivent être pareillement intégrés et harmonisés.

De *Muladhara* jaillit ainsi l'Energie absolue, caractérisée par une union des principes solaire et lunaire qui est à la base de la fondamentale androgynie énergétique de l'être humain. *Muladhara* est ainsi l'Unité originelle. La perspective tantrique affirme que le retour à cette unité peut prendre deux voies : la **voie interne** où le pratiquant établit en lui-même les noces entre féminin et masculin, ou la **voie externe** (dite « voie de la main gauche ») où il réalise cette union dans une relation d'accouplement entre partenaires sexuellement polarisés. C'est, au sens indien un véritable rituel sacré, que certaines pratiques occidentales ne sont pas loin d'avoir détournées en orgie…

Ce premier chakra revêt donc une importance primordiale. **Partant de lui, l'Energie revient à lui** car *Muladhara* est le lieu d'émergence de la kundalini, la Conscience-Energie universelle. Il possède en lui la puissance pour créer un autre univers par l'union des polarités énergétiques et constitue, en ce sens, le réservoir éternel et inépuisable dans lequel chacun peut puiser toute sa vie durant. Il est analogique à *Malkuth,* sephira originelle de la Terre mère et dépôt de la Conscience collective, de la tradition juive (3).

A partir de *Muladhara* comme à partir de *Malkuth* s'établissent toutes les circulations et interrelations

---

3. Voir, de Helmut Hark : *La Force de guérison de l'Arbre de vie* (Editions Dangles).

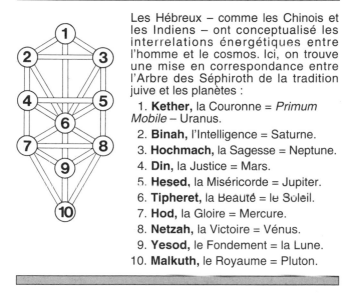

Les Hébreux – comme les Chinois et les Indiens – ont conceptualisé les interrelations énergétiques entre l'homme et le cosmos. Ici, on trouve une mise en correspondance entre l'Arbre des Séphiroth de la tradition juive et les planètes :

1. **Kether,** la Couronne = *Primum Mobile* – Uranus.
2. **Binah,** l'Intelligence = Saturne.
3. **Hochmach,** la Sagesse = Neptune.
4. **Din,** la Justice = Mars.
5. **Hesed,** la Miséricorde = Jupiter.
6. **Tipheret,** la Beauté = le Soleil.
7. **Hod,** la Gloire = Mercure.
8. **Netzah,** la Victoire = Vénus.
9. **Yesod,** le Fondement = la Lune.
10. **Malkuth,** le Royaume = Pluton.

énergétiques, avec tous les croisements qui, dans le corps, représentent autant de centres d'éveil. Le principe commun fondamental repose sur la transformation de l'énergie sexuelle au profit de l'**éveil de la conscience,** sachant que ce qui vient du Tout matériel peut revitaliser et éveiller le Tout éther, et vice versa. Ces échanges, qui circulent là aussi selon la loi du 8, font de l'homme le lieu d'interaction des énergies Terre/Ciel, principe universel repris par toutes les traditions et confirmé par les toutes dernières découvertes de la science occidentale contemporaine.

≈ ☿ ♈ ♉ ♊ ♋ ♌ ♍ ♎ ♏ ♐ ♑

b) L'énergie colorée : Rouge = volonté et pouvoir

La véritable nature de la volonté échappe à l'entendement humain, car elle est liée à la nature essentielle de l'homme et au but même de son existence. Plus fondamentalement, elle refléterait l'Intention de Dieu. Qui, aujourd'hui, peut prétendre être dans le secret du « Tout Energie » ? Sur un plan quotidien, la volonté est la capacité de construire et de structurer, puis de trancher l'étau même de ce que l'on a projeté pour le dépasser. Nous voici au cœur de l'axe Taureau-Scorpion, auquel il faut aussi rapporter tous les mirages du Pouvoir et de ses diverses manifestations.

Si cette énergie fondatrice est bien dirigée, elle constitue un **inestimable trésor de force** orienté vers l'accomplissement du Bien. Mal dirigée ou frustrée, elle devient une sclérose dans l'exercice forcené et destructeur du Pouvoir. C'est ainsi que les Scorpions, influencés par les qualités vibratoires du « premier rayon lumineux », doivent quotidiennement veiller à purifier leur phénoménale volonté en essayant d'être « au clair » quant aux sources de leur désir de Pouvoir et aux moyens choisis pour l'exercer (4).

Dans ce rayon, plus que dans tout autre, réside la notion manichéenne du Bien et du Mal qui s'y livrent la plus ancienne et la plus humaine des batailles.

c) Le méridien chinois : Cœur = yin, grenat

On ne s'étonnera pas de trouver douze méridiens attribués chacun à un signe dans l'ensemble des douze ouvrages qui constituent la présente étude – qui se veut la plus exhaustive possible – des signes zodia-

---

4. Voir, de Michal J. Eastcot : *Les Sept Energies cosmiques dans l'homme* (Le Hiérarch).

caux, de leur symbolique et de leurs correspondances énergétiques. On considère d'ordinaire huit trigrammes, représentant huit commandes de fonction. Or il y a douze corps éthériques de méridiens, qui ne peuvent se voir que si on n'occulte pas l'existence de quatre figures à deux traits qui correspondent non pas aux planètes, mais aux **luminaires** qui sont le Soleil et la Lune. Les deux traits yin correspondent à la lune et à la commande de fonction Maître du cœur dans le signe du Cancer. Les deux traits yang correspondent au soleil et à la commande de fonction Triple réchauffeur dans le Lion. C'est en rétablissant les deux luminaires que l'on parvient à établir une correspondance logique entre le système des 5 éléments chinois et le système des 6 axes de l'astrologie occidentale. C'est Marguerite de Surany qui, grâce à sa connaissance de l'énergétique chinoise, a rétabli cette corrélation (5).

Ce méridien est considéré par la médecine chinoise comme le Chef d'orchestre de l'Essence de la Vie, car son capital est le sang et qu'il est « Maître absolu des cinq organes et des six entrailles ». Il se recharge dans les ondes grenat, **entre 11 et 13 heures.**

 Méridien Cœur – **Scorpion**   : Yang
: Yin

Le trigramme *Touei,* énergie d'ascension, image de l'évaporation des brumes au-dessus du lac.

Le *chenn,* l'Esprit, est véhiculé par le *chi,* le souffle vital. Toutes les traditions établissent cette relation du souffle comme véhicule divin. Textuellement, *chenn*

5. Voir, de Marguerite de Surany : *L'Astrologie médicale Orient/Occident* (Le Rocher, épuisé).

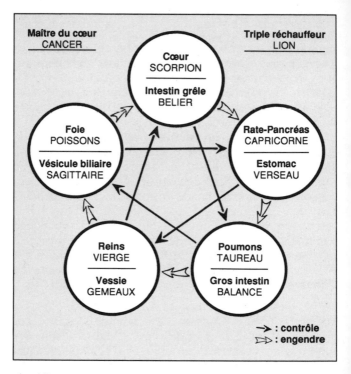

signifie « *ce qui tombe du ciel et traverse le corps* (6) »,
ce qui en fait une description exacte des circulations
cosmo-telluriques qui sont ici en question et qui
concernent le signe du Scorpion dans leurs **fonctions
transmutatoires.** On y lira une description claire du
« doigt de Dieu », de l'étincelle divine incarnée dans
l'humain. Le cœur est, là aussi dans toutes les traditions, la « preuve » que l'homme est à l'image de
Dieu et rejoint les paroles de Christ : « *Mon corps est
votre corps – ma chair est votre chair.* » Car, à chacune
des pulsations cardiaques, l'homme reconnaît en lui le

6. Voir le *Précis d'acuponcture chinoise* de l'Académie de
médecine traditionnelle de Pékin (Editions Dangles).

Correspondances énergétiques entre méridiens d'acu-puncture chinois et signes astrologiques : saisons, éléments, énergies, organes et viscères, heures de recharge énergétique, couleurs *(cf. dessin ci-contre).*

BÉLIER : méridien *Intestin grêle* – Eté, Feu, chaleur – Langue, cœur, vaisseaux – 13 à 15 heures – Onde rouge.

TAUREAU : méridien *Poumons* – Automne, Métal, sécheresse – Poumons, poils, peau, nez – 3 à 5 heures – Onde vert émeraude.

GÉMEAUX : méridien *Vessie* – Hiver, Eau, froid – Cheveux, oreilles, os, reins – 15 à 17 heures – Onde ocre.

CANCER : méridien *Maître du cœur* – 19 à 21 heures – Onde bleu des mers du Sud.

LION : méridien *Triple réchauffeur* – 21 à 23 heures – Onde or.

VIERGE : méridien *Reins* – Hiver, Eau, froid – Cheveux, oreilles, os, reins – 17 à 19 heures – Onde vert foncé.

BALANCE : méridien *Gros intestin* – Automne, Métal, sécheresse – Poumons, poils, peau, nez – 5 à 7 heures – Onde rose.

SCORPION : méridien *Cœur* – Eté, Feu, chaleur – Langue, cœur, vaisseaux – 11 à 13 heures – Onde rouge grenat.

SAGITTAIRE : méridien *Vésicule biliaire* – Printemps, Bois, vent – Foie, œil, muscles – 23 heures à 1 heure – Onde améthyste.

CAPRICORNE : méridien *Rate-Pancréas* – Fin d'été, Terre, humidité – Bouche, tissu conjonctif, estomac – 9 à 11 heures – Onde noire.

VERSEAU : méridien *Estomac* – Fin d'été, Terre, humidité – Bouche, tissu conjonctif, estomac – 7 à 9 heures – Onde gris irisé.

POISSONS : méridien *Foie* – Printemps, Bois, vent – Foie, œil, muscles – 1 à 3 heures – Onde bleu foncé.

rythme des pulsations galactiques. Quiconque a entendu « battre les pulsars » en garde un souvenir vibratoire extrêmement troublant, car évident…

Les anciens Chinois disaient que *« l'âme est dans le sang »,* renvoyant au fait que **si le sang est troublé c'est que l'âme est troublée.**

En tant que chef d'orchestre global, le méridien du Cœur régit tous les mouvements cellulaires circulatoires. Si la régularité des pouls (les Chinois mesurent huit pouls qui correspondent aux huit commandes de fonction hormis celles liées aux luminaires) est perturbée, c'est le signe d'une cacophonie générale, preuve d'un mauvais échange énergétique entre corps, âme et esprit.

Le tout premier facteur d'équilibre (ou de déséquilibre) est **le psychisme.** Ce méridien irrigue le cerveau et conserve l'énergie mentale *than* qui commande le principe de la réflexion et de la mémoire. Il contrôle ainsi toutes les activités mentales, en tant que « Logis du Conscient » et de la vitalité psychique. Mais il gouverne aussi toutes les activités de l'inconscient et notamment les rêves qui en sont la manifestation. Toutes les fonctions subtiles – intuition, prémonition, clairvoyance – y sont aussi liées.

On repère sa vitalité à travers l'aspect de la langue, de son degré d'hydratation et de sa couleur. La langue manifeste le degré d'harmonie de l'être et de ses trois corps, témoigne de la circulation énergétique et l'exprime à travers la parole. Mais on en trouve aussi la manifestation dans le genou, articulation liée à la conscience de l'homme de sa place devant l'Ineffable, de sa capacité de dialogue avec lui et de l'humilité dont il doit savoir faire montre – la génuflexion, la prière, la révérence témoignent directement du fait qu'il faut plier le genou pour entendre Dieu… Le

genou, comme la **langue,** doivent alors être compris, suivant qu'ils se raidissent ou demeurent souples, comme **organes de dialogue** entre l'homme et l'Esprit. La qualité du dialogue se lit alors dans la clarté et la luminosité du visage : *« La cause mystérieuse, logée dans le cœur, trouve son effet visible dans le visage »,* disaient les anciens Egyptiens.

Pour pouvoir jouer son rôle crucial d'équilibre, le méridien Cœur requiert un calme et une sérénité absolus, son principal facteur de déséquilibre étant la passion – ravageuse, dévastatrice et source de délires autant que de colères et de ressentiments – dont l'effet usant et décapant n'est plus à prouver, et que les natifs du Scorpion reconnaîtront au rang de leurs pires ennemis.

Retrouver le calme de l'esprit revient à éviter toutes les possibles blessures de l'âme si vite advenues lorsqu'on a pris conscience de l'extrême sensibilité de ceux qui sont gouvernés par ce méridien. Il faut construire des habitudes – et non des manies – acquérir une certaine rigueur et vivre dans la régularité pour jouir des effets essentiels du chef d'orchestre de la vie qu'est ce méridien. La volonté ne doit pas ici se laisser engloutir par les soubresauts incontrôlables de l'inconscient dont chaque cavité renferme une hydre – vraie ou surtout imaginée comme telle…

d) L'équilibre par les cristaux (7)

– *Couleur associée :* rouge foncé, transparent.

– **Grenat :** d'après la Tradition, aide à rétablir une bonne circulation sanguine, développe la puissance et la régularité sexuelle, stimule la fécondité et soulage en cas de rhumatismes.

---

7. Voir, de Barbara Walker : *Cristaux. Mythes et réalités* (Editions Dangles ; épuisé).

– **Agate** (butterfly) : toujours d'après la Tradition, favorise l'éloquence, les contacts humains, rend aimable et agréable. Protège contre le mauvais sort !…

– **Topaze** (pierre solaire) : activerait le rayonnement, la puissance et l'esprit de conviction, soulagerait les maladies dues au froid, faciliterait l'assimilation de la nourriture et la circulation du sang.

– **Rubis :** donnerait de l'énergie, apaiserait et favoriserait la concentration, régulariserait la circulation.

– **Chrysocolle transparente** (dite « pierre d'Eilat » en Israël) : calme les émotions, aide à l'élévation de la conscience, délivre des inquiétudes. Employée dans les rituels initiatiques de la haute époque égyptienne.

– *Pierre porte-bonheur :* **topaze.**

– *Pierre rééquilibrante :* **améthyste,** pour aider à se dégager de la matérialité et des pulsions, pour apaiser les excès de la volonté et de la jalousie.

e) Vibrations du signe et prénoms associés

La vie est vibrations. Elle commence au-delà d'un seuil vibratoire au-dessous duquel la matière ne peut s'ordonner correctement en fonction d'une action précise. **Chaque prénom est porteur d'une vibration** calculable et transposable en couleur (les sons et les couleurs étant les vibrations les plus rapides de l'univers, donc celles qui nous arrivent et nous traversent de la manière la plus rapide). Même inconsciemment, nous y réagissons affectivement. Nous dirons donc que chaque prénom porte avec lui un message vibratoire qui nous le fait *percevoir au niveau affectif* sans que notre intellect n'y puisse rien, ce qui explique que certains prénoms nous soient si chers et d'autres si immédiatement déplaisants.

Aimer le prénom de l'être chéri revient donc à aimer l'effet transmis par la vibration émise et, à l'inverse, pourrions-nous vraiment aimer une personne dont nous n'apprécions pas le prénom ? Cela explique aussi les inclinaisons que nous ressentons pour certains prénoms voulus pour nos enfants, ou choisis pour nous-mêmes si nous nous sentons « *mal nommés* » à la naissance (8).

Nous comprenons ici que les prénoms véhiculent avec eux toute une série de qualités et de caractéristiques que l'astrologie a, par ailleurs, rangée en signes. D'après leur vitesse vibratoire et la couleur de leur vibration, voici **les prénoms qui véhiculent les caractéristiques du signe du Scorpion,** avec leurs effets sur nos trois plans d'existence : corps, âme, et esprit.

✧ Prénoms émettant 82 000 vibrations/seconde :

Arcadius, Arcady, Clément, Damase, Dominin, Gaspard, Jules, Julien, Ludwig, Manoël, Maur, Toussaint, Uriel…

– *Couleur :* rouge.

– Type d'énergie produite : *corps :* colère ; *âme :* passion ; *esprit :* domination.

✧ Prénoms émettant 96 000 vibrations/seconde :

Adalbert, Alphonse, Alphonsin, Audéol, Arnaud, Bérenger, Désiré, Hégésippe, Hugo…

– *Couleur :* violette (7/10 bleu + 3/10 rouge).

– Type d'énergie produite : *corps :* subconscient ; *âme :* inconscient ; *esprit :* conscient.

✧ Prénoms émettant 100 000 vibrations/seconde :

Alberta, Alberte, Albertina, Albertine, Anita, Anna, Annabella, Annabelle, Anne, Annette, Annick, Annie, Anouchka, Anouck, Aude, Corinne, Emilie,

---

8. Voir, de Pierre Le Rouzic : *Un prénom pour la vie* (Albin Michel).

Emilienne, Erwan, Estelle, Gwendoline, Hélyette, Joëlle, Priscilla, Rosy, Solange, Tania, Tatiana, Tatienne, Xavière…

   – *Couleur* : bleu.

   – Type d'énergie produite : *corps :* vitalité ; *âme :* amour pur ; *esprit :* spiritualité.

♦ **Prénoms émettant 103 000 vibrations/seconde :**

   Cyriaque, Cyrille, Edouard, Géraud, Hans, Joris, Julian, Kevin, Marc, Omar, Paquito, Perrin, Sacha, Samson…

   – *Couleur* : rouge.

   – Type d'énergie produite : *corps :* colère ; *âme :* passion ; *esprit :* domination.

f) La glande miroir : la thyroïde

Les signes du Taureau et du Scorpion gouvernent le système thyroïdien – glandes thyroïde et parathyroïdes, plus communément appelées les amygdales. Dans une lecture classique de ce système, on remarquera son importance dans la sensibilité de l'individu à l'iode et sa capacité d'assimilation de l'oxygène. On y lira son effet sur l'état psychique et nerveux, et sur la régularité de sa température. L'instabilité endocrinienne produit, par contre, toutes sortes de dérèglements fonctionnels tant sur le plan du système pondéral que sur celui de l'équilibre génito-hormonal et tout particulièrement sur le système nerveux (9).

Le rôle majeur joué par la thyroïde dans la transformation de l'oxygène et dans le rôle que joue celui-ci dans **le changement de rythme de vie de l'ensemble de l'organisme** – en accélération ou en ralentissement – a d'abord été testé sur le développe-

---

9. Voir du docteur Oslow H. Wilson : *Les Glandes, miroir du Moi* (Editions Rosicruciennes).

ment du têtard en grenouille. Sans thyroïde, il est clair que cette transmutation d'un animal respirant exclusivement en milieu liquide en un animal respirant de l'air ne se ferait pas. Evidemment, l'analogie avec le fœtus humain est claire, le rôle des hormones thyroïdiennes étant au centre de ce passage eau-air mais aussi, par conséquent, intimement associé à la métamorphose organique globale et au changement d'un niveau d'organisation cellulaire à un autre.

Chez l'homme, la thyroïde est un organe en forme de bouclier situé dans le cou, au niveau du larynx. Selon certains scientifiques, la thyroïde est une ancienne glande sexuelle, probablement associée aux canaux des organes sexuels, ou gonades (Cancer). Bien que chez les grands mammifères il n'y ait pas de relation physique entre les gonades et la thyroïde, on sait qu'il existe une multitude d'importantes associations physiologiques. Ainsi la fonction thyroïdienne est-elle nécessaire au développement des mécanismes reproducteurs chez les humains et autres mammifères. En l'absence de thyroïde, l'enfant – comme le têtard n'atteindrait jamais la **maturité sexuelle.**

Bien entendu, ces changements physiologiques primordiaux ne vont pas sans changements intérieurs d'égale importance. La thyroïde est alors aussi l'organe du développement de la maturité mentale ainsi que du développement des capacités psychiques. Elle est le premier et le principal **outil d'éveil,** dans tous les sens du terme.

La thyroïde paraît essentielle dans la formation de la mémoire et des capacités de complexification de la pensée, car elle assure une fonction de **« filtre » entre le passé et le présent.** Les impressions intérieures, la manière juste ou totalement outrée d'interpréter les événements extérieurs et de les transformer en vécu intérieur y sont aussi associées. Elle influence le rythme auquel s'enregistrent ces sources extérieures dans la conscience objective, mais aussi celui auquel nous attribuons un sens aux expériences présentes par rapport à celles du passé. A tous les niveaux, **la thyroïde est notre principal outil de transfiguration.**

Les parathyroïdes accentuent encore ce rôle de transformateur, principalement sur le plan de l'énergie. A cet égard, elles contribuent à la quantité de calcium et de phosphore dans les os, car l'hormone parathyroïdienne (ou H.P.T), provoquant la déminéralisation des os, augmente d'autant le taux de calcium dans le sang. Les parathyroïdes ont un rôle absolu dans la fixation de calcium dans le corps ainsi que dans les degrés d'excitabilité de l'être humain, car l'absence de parathyroïdes rend le système nerveux considérablement hyperexcitable. Nervosisme, instabilité, dépressivité, sensation de peurs, d'angoisses et sentiment de persécution y sont fortement liés. De plus, les parathyroïdes exerçant une fonction régulatrice de la thyroïde, elles ont une mission de filtre et de protection organique tout à fait primordiale. C'est pourquoi toutes les surcharges viennent d'abord gonfler les amygdales et provoquer des angines ou toutes autres formes d'autorégulation de l'organisme.

L'ablation des amygdales, pour toutes ces raisons, est un acte grave, surtout si elle intervient avant la puberté, car elles sont essentielles à toutes les transformations et régulations des changements de l'enfance et du processus de transformation général, physiologique comme psychique. Aujourd'hui, la médecine rationaliste ayant – un tout petit peu – fini par comprendre ce rôle essentiel des amygdales (alors qu'on disait facilement, il y a encore quinze ans, qu'elles ne

« servaient à rien » comme si la machine humaine était le produit d'un non-sens…), cet acte péremptoire est beaucoup moins pratiqué, car les parents sont beaucoup mieux informés. On se souviendra donc de l'importance de ce système thyroïdien et de son rôle dans le **processus de transformation de la vie.**

Sur un plan mystique, qu'en retiendrons-nous ?

Vu dans une dimension plus cosmique, le dysfonctionnement de la glande thyroïde renvoie à une **inflation incorrecte du Moi,** issue d'une mauvaise assimilation des émotions primitives de l'enfance ayant produit la négativation de l'image personnelle, celle-ci se traduisant par une hypersensibilité et une attitude autoprotectrice de repli ou de rejet. C'est le lieu de tout ce qu'on n'a pas pu **exprimer** – ou de ce qui nous a été interdit d'exprimer – celui où va clairement se manifester **l'insatisfaction de soi** provoquée par un trop fort décalage entre ce qu'on est devenu et ce que l'on voulait devenir.

Rééquilibrer le système thyroïdien renvoie alors à un **réajustement entre le Moi spirituel et le Moi physique** par un rééquilibrage entre le passé et le présent, en abandonnant les « patterns » ancestraux toujours limitatifs .C'est là l'Etincelle déposée dans l'axe Taureau-Scorpion, et tout l'enjeu, pour les natifs, consiste à la faire émerger en pleine lumière.

♏ Scorpius

4. Conséquences symptomatologiques

Le rapport au corps du Scorpion est légendairement ambigu. Il s'agit d'un véritable jeu avec ses propres limites dans lequel le natif s'engage instinctivement dès sa plus jeune enfance. Fasciné par la chair, il l'est dans tous les sens du terme : parce que la sexualité – ou plus exactement la libido – tient une place centrale dans sa vie, mais aussi parce que les mystères organiques et psychologiques (autant que les méandres du fonctionnement psychologique et de ses effets psychosomatiques) recueillent toute son attention. Or, en matière d'expériences, le Scorpion possède en son propre corps le laboratoire le plus perfectionné qui soit.

Lui qui aime le secret, il n'est de mystère plus insondable que celui de la vie en œuvre, au moins autant que l'est son corollaire, la mort. Il veut prouver – et se prouver – sa force et son invincibilité. Pour ces raisons, il a un rapport difficile et tortueux aux médecins et au monde médical en général. Entretenant une sorte de relation initiatique avec lui-même par l'intermédiaire de son enveloppe charnelle, le Scorpion ne donne pas à la maladie une définition qui correspond à celle de la médecine commune. Dès lors, la *désobéissance* et les *traitements personnels* passent souvent avant le respect scrupuleux des conseils et des prescriptions d'un représentant officiel de la guérison physique.

Pourtant **robuste et résistant,** doté d'une capacité de **régénération** quasiment magique – sinon résurrectionnelle – il n'en est que trop violemment soumis aux émotions qui peuvent le pulvériser comme une bombe souterraine fait sauter une montagne. Les émotions négatives et secrètes de l'enfance, tapies au fond de ses cellules et sourdissant dans les recoins de son psychisme, les désirs peu nets, les envies et les ressentiments, les jalousies et les attachements destructeurs, tout ce qu'il n'a pu vivre au grand jour et qui existe en secret sous forme de dangers latents, tout cela constitue un vivier malodorant dans lequel les microbes de tout genre peuvent croître à loisir. En conséquence directe, les rapports variables que les natifs entretiennent avec leur propre désir de vivre expliquent la variabilité de leur système de défense immunitaire.

Bien sûr, leur capacité à « se refaire » est remarquable, mais il est bon pour eux de ne pas trop tirer sur la corde et de ne pas se soumettre à un surmenage organisé. On ne met pas son corps impunément dans tout, histoire de voir jusqu'où il n'est plus possible d'aller.

a) Points faibles du Scorpion

– **Os et phanères :** liés à la mauvaise fixation de calcium/phosphore/manganèse qui le caractérise généralement, on retrouve communément des problèmes de cheveux trop fins et cassants, d'ongles qui « blanchissent », de dents aux mille problèmes répétés. On sera vigilant quant à la constitution osseuse et à la bonne formation de son squelette (fragilisé). Les activités violentes que le natif affectionne exposent, de plus, à des risques de fractures plus ou moins graves et plus ou moins répétées.

– **Problèmes digestifs :** le Scorpion fait généralement peu de cas de sa façon de s'alimenter et du contenu de son assiette, mangeant trop puis trop peu, et ayant une sorte de tendance instinctive à ingurgiter des aliments « dopants » pour tenter de pallier sa fatigabilité chronique. Cela, aggravé par une nette tendance à avaler trop vite et sans mâcher, le conduit à souffrir de divers troubles digestifs (allant de l'indigestion à la diarrhée), de spasmophilie que sa fragilité nerveuse rend chronique, surtout chez les femmes du signe.

– **Circulation sanguine :** attention à cet aspect-là ! Son alimentation irrégulière, sa nervosité de fond, sa tendance à brûler toutes ses réserves et sa fragilité cardiaque provoquent, à terme, des problèmes de circulation sanguine avec un sang trop riche ou trop fluide, une nette tendance à l'anémie, aux maladies cardiovasculaires, à la tension artérielle (à surveiller très tôt) et au cholestérol. Cela devient vite un cercle vicieux : la mauvaise qualité du sang ainsi que les problèmes circulatoires provoquant la fatigue augmenteraient à leur tour les tendances à une mauvaise alimentation qui fatigue le cœur, etc.

– **Système génital et sexuel :** sensibilité de la glande thyroïde et du système endocrinien en général, surtout chez les femmes dont l'équilibre hormonal est à surveiller. Infections répétées qui peuvent être plus ou moins graves et avoir des conséquences sur la stérilité.

– **Psychisme :** émotif, affectif, ancré sur des ressentiments négatifs de l'enfance et sur une trop forte image maternelle, le Scorpion est aussi très sensible à des influences plus ou moins nettes de son inconscient et de son environnement, immédiat ou cosmique. La mouvance du psychisme ne présente bien sûr pas que des désavantages, mais il faut se méfier des affabulations, transformations et fantasmagories qui peuvent fragiliser l'esprit et obscurcir la conscience.

Les fragilités psychologiques sont réelles et peuvent aller, devant une blessure vraie ou vécue comme telle, de l'apathie à la dépressivité chronique.

– **Système immunitaire :** rien n'attaque autant le système immunitaire dans son ensemble que les émotions mal digérées et l'état de fragilité nerveuse et mentale. Les Scorpions peuvent se transformer alors en « éponges à microbes » avec toute une série de maladies inflammatoires et des déficiences immunitaires plus ou moins aggravées.

On n'oubliera pas de considérer les problèmes du signe jumeau qu'est le Taureau qui accentue les fragilités O.R.L., les risques de déséquilibre thyroïdien, les fixations psychiques négatives, les problèmes de peau et surtout la fragilité des organes génitaux

꧁꧂

De plus, on considérera les Scorpions **en excès d'énergie** soumis à l'hyperexcitabilité, à la surexcitation mentale, au délire, aux hallucinations et à l'hypertrophie du Moi qui se croient invincibles en toutes circonstances. Ils sont généralement la proie d'un dessèchement général.

Les Scorpions **en insuffisance d'énergie** sont plutôt sujets aux angoisses, à une dévalorisation constante d'eux-mêmes, aux remords, rancœurs, chagrins et dépression permanente. La tristesse, la timidité et l'hypersensibilité les rendent perméables à toutes les formes d'attaque extérieure. L'oubli, le vide, la sensation d'inutilité les taraudent de l'intérieur, le sourire est absent, tout est dramatique et désespéré. Le dégoût de vivre et les envies suicidaires ne sont pas loin.

Il ne faut pas oublier qu'on passe souvent d'un état d'excès à un état d'insuffisance et que seul un **thème astral global** permet de déterminer les tendances d'un individu, au-delà de son seul signe solaire.

b) Conseils pour un meilleur équilibre

Le mot clé de la santé Scorpion : **métamorphoser.** Il est le monde à lui tout seul, le Scorpion ! Il recèle les trésors de toute l'humanité depuis toujours et pour toujours. Qu'en fait-il donc, voilà la question ? Eh bien, il doit apprendre à s'en servir et non pas à en être victime ! Son énorme sensibilité émotive et affective (et tellement déniée par lui !), son attachement si fort à un vécu souvent difficile et parsemé d'épreuves, sa difficulté interpellante à exprimer l'essentiel des fantômes (et des envies) qui le taraudent... tout cela finit par faire un bouchon qui obstrue la circulation de la vie et peut avoir des conséquences pour le moins mortifères.

Devant cet immense réservoir d'énergie qui lui échoue, le Scorpion doit apprendre à **faire le tri** et utiliser au mieux ce qui a été retenu. La métamorphose et la transformation sont ses maîtres mots. Ce « ça » impérieux – cher à Freud – le tire par le bas, vers le magma originel qu'il aimerait pourtant tant quitter pour planer dans l'azur limpide et vivifiant. Mais tel l'albatros aux ailes trop grandes pour lui permettre de marcher sur la terre, le Scorpion s'y reprend à plusieurs fois avant de s'envoler...

N. B. : nous ne pouvons donner, ici, que des conseils généraux, difficiles à individualiser avec plus de précision tant que l'on s'en tient au seul signe solaire. Seule une consultation astrologique globale, **tenant compte du thème complet,** peut apporter plus de précision sur les dynamiques de fonctionnement particulières, sur les circulations énergétiques – équilibrées ou perturbées – de chacun.

D'autre part, un traitement personnalisé requiert la compétence et la prescription d'un médecin – généraliste, spécialiste ou pratiquant les médecines douces –

qui tienne compte d'une juste combinaison de la médecine allopathique, des médecines alternatives et des thérapies énergétiques. L'astrologie représente un outil complémentaire d'étude d'un terrain, *pour confirmer ou infirmer un diagnostic,* mais elle ne peut en aucun cas se substituer au thérapeute compétent. En ce sens, nous vous laissons bien entendu le libre choix de votre médecin qui, seul, pourra vous orienter vers des traitements et des soins adaptés.

L'élévation spirituelle symbolisée par deux serpents entrecroisés, entourant trois têtes de saints, conduisant à la *Dextra Dei,* la main de Dieu.

(Croix celtique de Muiredach, Monasterboice, Angleterre.)

Pluton et son satellite **Charon.** Dernière planète du système solaire, découverte en 1930. Elle est, pour l'imaginaire, à la fois terreur et fascination, car on en sait bien peu de choses. Son orbite étant excentrique, il arrive – comme actuellement (jusqu'en 1996) – qu'elle passe devant Neptune qui devient, de fait, la planète la plus éloignée du Soleil.

V

Amours et amitiés

1. Si la passion m'était contée...

Au chapitre des relations humaines, il ne faut pas longtemps pour savoir qu'on a affaire à un Scorpion... Tout ce que le signe recèle d'ardeur, d'extrémisme, de fougue, de désir, de merveilles et de turpitudes les uns aux autres emmêlées se trouve principalement condensé dans cet aspect central de la vie des natifs, avec des manifestations extraordinaires de pureté sublime ou de cruauté ravageuse. « *Il distinguait à peine la création artistique de l'acte charnel* » dira Yves Taillandier du célébrissime Scorpion qu'était Auguste Rodin, ce qui suffit déjà à installer le décor. Et en effet, quiconque a vu les œuvres du maître – autant que celles de Camille Claudel, qui l'inspira et qu'il inspira – ne peut plus jamais dire « froid comme le marbre », pas plus que « statique comme la pierre »...

Froid lui ? Jamais ! Bien plus efficace que les « thermolactyls » célèbres, l'**ardeur** du Scorpion le tient à l'abri de tout refroidissement relationnel autant que de toute demi-mesure sensuelle. Non pas qu'il soit tout le temps sur la brèche, beaucoup s'en faut, n'en déplaise à ceux qui voient systématiquement dans ces natifs des bêtes de sexes, débauchées et diaboliques, ne manquant pas de murmurer sur leur passage ou de pousser des « oh ! » et des « ah ! » qui voudraient en dire long – et profond – sur les tumultes présumés de leur vie nocturne… Bien plus fréquents qu'on ne le croit sont les Scorpions abstentionnistes, moralistes, exigeants et parcimonieux de leur sexualité, trouvant autant – sinon plus – de plaisir à « se retenir » qu'à ne pas le faire…

Ceux qui croient qu'être Scorpion signifie « se faire toutes les portes cochères » devraient plutôt aller faire un tour du côté des signes de Feu, sinon du Taureau, qui, en aucun cas ne manient la rétention avec autant d'habile sophistication que le fait le Scorpion…

En matière relationnelle, être Scorpion renvoie plus véritablement du côté de l'ardeur au sens propre, c'est-à-dire du côté du mépris délibéré de la demi-mesure et de la fausseté. Compliqué en lui-même, la seule complication que le signe ignore est celle de s'encombrer de l'indifférence. Mieux vaut haïr, détester, exécrer que ne rien ressentir, car rien autant que la haine et la violence n'est plus proche de l'amour et de la jubilation… En amour comme en amitié, **la passion est la seule chose qui motive en profondeur le Scorpion.** La passion qui a toujours raison parce qu'elle donne une incroyable capacité à créer et à faire des choses, à relever des défis fous et à abattre des montagnes, la passion dans le domaine relationnel (et surtout amoureux) qui fait passer de l'autre côté du miroir avec le risque de se réveiller au fond du puits…

L'authenticité, la sincérité et l'**adhésion solidaire** et indestructible sont aussi au registre privilégié du signe. On peut compter sur un Scorpion, quoi qu'il arrive et surtout lorsque la majorité est contre soi : quitte à y mettre leur vie et à se mettre le monde et la loi sur le dos, ils soutiennent ceux qu'ils aiment une fois qu'ils se sont engagés à le faire, par amour, par conviction, par sens de la **mission** et au nom d'une vision du monde qui leur tient lieu de philosophie. Leur sens de l'amitié est souvent celui de la devise « à la vie à la mort » et leur **fidélité** tenace. Par contre, et conséquemment, leur déception, leur désespoir et leur tristesse deviennent tout aussi éternels si jamais ils venaient à être trahis, ou à se sentir comme tels.

2. Les relations avec les autres signes

Scorpion/ Bélier

Le Bélier fonctionne dans le registre de la passion active et immédiate, le Scorpion dans celui de la passion souterraine mais de – très – long terme. A eux deux, ils courent de gros risques de se faire (très) mal… mais aussi de se révéler mutuellement. Disons surtout que c'est le Bélier qui a « mal à la tête », n'ayant pas la force cérébrale de faire face à tant de méandres que sa tendance immédiate le porterait à attaquer de front alors que la tactique inverse s'imposerait.

Sur le plan sexuel, la rencontre est généralement très forte même si, là encore, le Bélier la vit comme sur un ring alors que le Scorpion aborde le sujet comme une cérémonie initiatique. Sur le plan social, ils sont de redoutables partenaires ou de farouches adversaires, mais risquent toujours, à un moment donné, de pencher vers leurs versants destructeurs… et autodestructeurs. On souhaitera un peu de légèreté et de spiritualité dans leur histoire.

Scorpion/Taureau

Excessifs, sexuels… excessivement sexuels surtout s'ils ne couchent pas ensemble ! Leur univers intime est tapissé de vapeurs libidinales et ils ne se le cachent pas, sauf s'ils ont une manière radicalement opposée de vivre la chose. Le Taureau est plutôt sain et ne voit « aucun mal là-dedans », tandis que le Scorpion est toujours aux prises avec une forme de culpabilité et de jeu entre son désir et ses refus.

Leur relation est très complémentaire et constructive, jusqu'au moment où ils s'y mettent à deux pour tout casser. Le Scorpion s'amuse sans cesse à faire craquer le Taureau, puis se prend ainsi à son propre piège. Le Taureau voudrait assagir et rassurer le Scorpion, mais il le secoue de temps en temps. Ils se permettent tout ensemble, car ils se connaissent comme s'ils étaient faits l'un pour/par l'autre.

Scorpion/Gémeaux

Le magnétisme est roi et la fascination mutuelle n'est pas triste, d'autant que chacun lutte avec ses armes pour séduire et entortiller l'autre. La relation ne manque alors pas d'éclat, à part que le Gémeaux marche avec sa tête tandis que le Scorpion marche avec son ventre.

Dans la vie sociale et professionnelle, c'est la réussite : rien ni personne ne leur résiste. Mais, une fois dans l'intimité, c'est le duel, sinon le sadomasochisme psychique qui s'installe, surtout qu'ils n'ont pas du tout le même vécu sensuel. Un conseil : éviter l'« étripage » !

Scorpion/Cancer

Relation tout droit sortie des profondeurs de l'inconscient et basée sur ce qui fonde l'immuabilité de la nature humaine. Mais sortent-ils vraiment des profondeurs d'ailleurs ? Pas sûr, car ils partagent le même goût pour la magie, l'émerveillement, le sublime et surtout pour la souffrance amoureuse romantique et

La passion ou la Gorgone amoureuse…
(Peinture de Sartoria.)

passionnelle… Le Scorpion tourne autour du Cancer pour trouver la faille et le Cancer adore ça : en voilà un, enfin, avec lequel il se sent vivre ! Cela a des relents de fête satanique et baroque et met en branle tout un univers sulfureux.

Les ondes créatives, chaleureuses et très véritablement complices sont cependant indéniables, car ils sont vraiment du même monde. Attention au sadomasochisme psychologique qui, lui aussi, fait partie du décor.

Scorpion/Lion

C'est l'attraction de la surface et des tréfonds. Chacun d'eux gouverne un royaume opposé, le Lion dehors, le Scorpion dedans. Et les sceptres sont absolument impartageables… lorsqu'ils ne se transforment pas carrément en arme fatale. Les volontés (de fer) se choquent, les personnalités se pulvérisent. Les corps s'attirent mutuellement dans les affres sulfureux de la passion et ils sont prêts à mourir plutôt qu'à se laisser remettre en cause.

Comme les gladiateurs après la bataille, ils rendent respectivement hommage à la bravoure et à la force de chacun, car ils s'estiment énormément – et à juste titre – mais sans se le reconnaître. Relation trop forte pour être facile au quotidien, toujours compromettante et sans compromis.

Scorpion/Vierge

La Vierge se retient. Le Scorpion la démange pourtant sérieusement. La Vierge voudrait analyser cette démangeaison et la maîtriser, mais elle ne pourra jamais aller aussi loin dans la compréhension des secrets que ne le fait le Scorpion. Les mystères lui échappent, le Scorpion en profite.

Relation tortueuse et certainement colorée de sado-masochisme mais essentielle, constructive et révéla-trice comme le mythe originel qui en est l'exemple. La Vierge pourrait, grâce au Scorpion, se mettre à exister : c'est un miracle sexuel !

Scorpion/Balance

La Balance passe sa vie à se retenir de détruire. Le Scorpion a tout ce qu'il faut pour la faire basculer sur ses propres bases. Il est rare pourtant qu'elle veuille le suivre jusqu'au bout de l'extrême, et elle s'enfuit en cours de route.

Relation nécessaire néanmoins, surtout pour la Balance qui fera mieux d'être une femme...

Scorpion/Scorpion

Nous voilà en plein cœur de la marmite, au cœur de l'inceste, du miroir, de la passion la plus vraie – motrice ou dévastatrice suivant la phase. Mon enfant, ma sœur, mon compagnon mystique, mon ange et mon démon ils sont tout cela à la fois et refont un monde que les autres comprennent peu mais eux se reçoivent 5 sur 5, sans même avoir à parler.

D'ailleurs, quand deux Scorpions se rencontrent, ils ont bien mieux à faire qu'à parler... Ils s'adorent, se soutiennent, se révèlent, ils se sacrifient ou se sanc-tifient... Mais arrivent-ils à vivre ?

Scorpion/Sagittaire

Le Sagittaire est ce que le Scorpion aimerait deve-nir le jour où il aura cessé de se vautrer. Le Scorpion est ce mystère que le Sagittaire ne percevra jamais. Le malentendu de fond est certainement grave, mais cela n'empêche que sur le plan socioculturel et spirituel, ils se comprennent, se respectent et s'entraident.

Très constructif, surtout si l'homme est Sagittaire. Si c'est une femme, elle risque de se lasser assez vite et de s'en aller voir de l'autre côté de l'horizon terrestre…

Scorpion/Capricorne

Dur dur non ? Tous deux perdus dans leurs doutes, emmurés dans leur émotivité aphone et secrète, engloutis dans leurs invisibles profondeurs et leurs recherches mystiques, rigidifiés par leurs exigences et leur sévérité, comment donc se rejoignent-ils ? Par l'authenticité, le travail titanesque et opiniâtre, le sérieux et la sensibilité de fond.

Et surtout, de façon inattendue, lorsque mis à l'horizontale, ils découvrent d'un coup les délices de leurs sensualités respectives… C'est une relation qui est philosophique et sensuelle – ou qui n'est pas.

Scorpion/Verseau

Pour poser ensemble des bombes dans toutes les conventions, toutes les lois et toutes les habitudes, pour faire la fête, l'orgie et partager le goût des rencontres, des voyages, du mysticisme et surtout de leur sacro-sainte liberté, ils sont les complices les plus efficaces et les plus redoutables qui soient, ceux sans lesquels demain ne serait pas un autre jour…

Mais la passion « jusqu'au-boutiste » du Scorpion terrorise totalement le Verseau qui n'a, de plus, aucun sens du secret et des complications perverses. Relation forte, étrange, dérangeante, essentielle, certainement géniale mais si difficile à accorder…

Scorpion/Poissons

Le Poissons en est beaucoup plus loin que le Scorpion dans le domaine de la sublimation, du détachement et du sens du sacré. En fait, il a déjà quitté le sens commun des sentiments et des valeurs terrestres.

Le Scorpion, pourtant, le fascine, le titille et des relents sadomasochistes ne sont certainement pas exclus. Ensemble ils vont très loin, même s'ils ne savent pas où ils vont... et en tout cas, ils vont là où personne n'ira ni ne les suivra.

Le désir n'est-il pas la plus belle forme de l'envoûtement ?
(Peinture de Franz Till.)

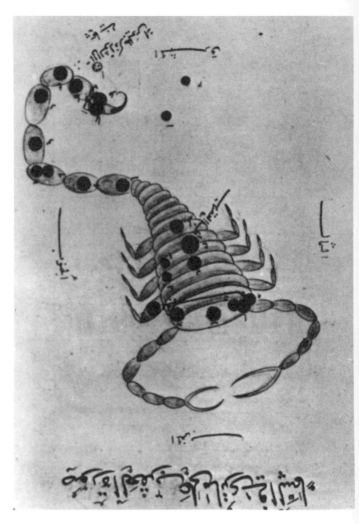

Le signe du Scorpion, extrait du *Catalogue des étoiles* de Abd al-Rahman al Sufi, manuscrit arabe du xvᵉ siècle.

(Bibliothèque nationale, Paris.)

VI

Vie professionnelle et sociale

1. Pouvoir, ombre et endurance

La richesse et l'immensité intérieures du signe, la multiplicité des intérêts, la variété des dons et l'acuité de la conscience avec laquelle les natifs abordent le monde constituent incontestablement leurs atouts les plus remarquables .. et les plus encombrants ! Pour les raisons déjà évoquées précédemment, le trop-plein de possibilités, toutes plus passionnantes et créatrices les unes que les autres, représente un amas de richesses, lesquelles, avant d'être canalisées et extériorisées, sont surtout une source d'encombrement, sinon d'obstruction.

Les natifs ont bien du mal à choisir leur voie, à l'affirmer comme telle puis à s'y engager et s'y tenir. Ils peuvent passer de longues années dans leur laboratoire intérieur, à se chercher et à expérimenter, à construire et détruire puis recommencer, à être insatisfaits de tout et toujours chercher une autre façon d'exprimer et de faire les choses, à s'emporter pour une idée, une perception, une conviction ou une prémonition qu'ils érigent en parti pris avant de vraiment percer au grand jour. Longtemps, ils peuvent se savoir géniaux mais être les seuls à en être persuadés, parce qu'ils refusent d'utiliser les voies de reconnaissance habituelles et s'échinent à prouver qu'il est toujours possible de faire mieux, de creuser plus profond… et que les autres n'ont qu'à comprendre plutôt que chercher à se rendre compréhensibles eux-mêmes. Ainsi, malgré tant de qualités et en dépit de leur horreur du retrait social, restent-ils longtemps au second plan, sinon dans l'ombre.

Or, à l'ombre, fleurit et se développe d'autant plus leur tempérament ambitieux, envieux, endurant sinon tortueux et machiavélique, qui peut facilement se transformer en excroissances négatives sinon destructrices, en une soif d'autorité et de pouvoir, et prendre des formes peu recommandables pour s'exprimer. Sensibles, vastes, hyperintelligents, lucides, originaux et profonds, s'ils ne parviennent pas à canaliser leurs énergies créatrices, les Scorpions sont susceptibles de les laisser pourrir.

Pas plus que le Lion il n'aime se faire marcher sur les pieds et être déconsidéré. Mais comme il a plus de mal à aboutir vite, il en devient encore plus tenace, opiniâtre, redoutablement efficace, sachant tirer parti de tout grâce à sa phénoménale capacité de travail, ses convictions intimes, sa prescience de la psychologie humaine et sa lecture instantanée de l'invisible et de l'insoupçonnable. Mais, contrairement au Lion, il ne se fait pas beaucoup d'illusions et se bagarre avec ses tentations intérieures d'auto-annihilation. Cela produit de la résistance, de la lucidité, une solide réputation de « rouleur de bosse ».

Peut-être aussi, apprenant que **le sourire rend les visages plus beaux,** sait-il s'accorder quelque répit, se rend-il compte que les relations humaines ne se limitent pas aux seuls liens sociaux, et que l'ambition sans merci n'est pas le seul pôle possible dans l'existence. Il ne baissera pas les bras, oh ! non, mais peut-être saura-t-il tenir la barre avec un peu plus de souplesse !... Du travail, du désir, de l'envie, des idées, de la passion, trop de fixation et de limitation sur ce pôle exclusif car sans cesse insatisfaisant – considérant que d'autres à sa place seraient déjà très contents d'eux-mêmes et qu'il est le premier, parfois le seul, à se mettre des bâtons dans les roues car les difficultés et les obstacles le stimulent – tout cela bétonne des idées fixes pas forcément positives et fait passer à côté de l'essentiel de la vie. Encore faut-il définir cet *essentiel*... Avec l'âge, il peut devenir exceptionnel, vigilant, généreux, positif... en plus de demeurer ardent et dérangeant. On se met à se référer à lui, à lui demander conseil, à le laisser gouverner, lui qui voulait tant le faire.

On le prendrait alors pour le plus Lion des Lions ! Il aura bravé ses tempêtes, trempé dans tous les bains, taillé et retaillé des costards, imposé sa volonté secrète et dictatoriale, aura su optimiser le moindre de ses atouts et jouer de sa remarquable aptitude au discernement. Il ne sera pas tombé dans sa trappe d'ombre, laquelle a pour hideux noms l'attraction irrésistible pour le glauque, le négativisme, la complaisance à l'absurde et à l'illusion, la prédilection pour les marginaux, les « ratés », les indésirables, les paroles qui tuent, les ressentiments rancuniers, les manipulations... Longue liste de démons avec lesquels le Scorpion peut jouer longtemps, jusqu'au jour où il s'aperçoit, peut-être, qu'il leur a concédé la majeure partie de sa vie...

2. Les métiers du Scorpion

Il peut tout faire le Scorpion, pas un domaine ne lui est exclu ou spécialement réservé. C'est plutôt dans la manière de le faire, l'ardeur et l'insatisfaction créatrice, le besoin d'approfondir et d'exercer l'autorité qu'on le reconnaîtra. Néanmoins, quelques domaines lui permettent de mieux canaliser son énergie et sa fabuleuse ambition :

– **La chirurgie :** caricaturale des valeurs martiennes, la chirurgie lui convient sans doute le mieux parmi toutes les professions médicales, en particulier la chirurgie spécialisée réparatrice ou plastique.

– **Le fer :** tous les métiers liés au travail du fer (tôlerie, carrosserie, fraisage, chaudronnerie, soudure, mécanique en général), mais aussi – à un stade plus sublimé – la sculpture du fer et l'utilisation du feu dans la transformation artistique.

– **La justice :** avocats et législateurs, mais plus rarement les juges d'Etat qui sont trop dans la représentativité sociale qui sied peu au Scorpion. On peut aussi y trouver des éducateurs, des professionnels de la réinsertion qui comprennent intimement la délinquance et l'aspect « sombre » de l'individu et de la société.

– **La compétition sportive :** on trouve, parmi les natifs, coureurs automobiles, cascadeurs, gymnastes, coureurs, skieurs… tous les métiers où leurs grandes qualités physiques et leur résistance foncière excellent. En général, tous les métiers à risques les attirent et ils y évoluent bien.

– **L'argent :** banques, Bourse, conseils en placements et en gestion, métiers du Trésor, des impôts, du budget, Inspection des finances. L'économie politique, les organismes internationaux à vocation financière…

– **Les arts :** danse, peinture, opéra, arts plastiques, arts appliqués, mais surtout théâtre et cinéma où le dédoublement de la personnalité est possible ; on trouve beaucoup d'acteurs dans le signe. Artiste et incontestablement créatif, le Scorpion exerce souvent un métier lié à l'art et au spectacle, sous les feux de la rampe ou en coulisses. Tous les métiers liés au commerce de l'art (agents, organisateurs d'expositions, propriétaires de galeries, critiques...).

– **La chose publique,** c'est-à-dire tout ce qui touche de très près à la vie politique et diplomatique, surtout de dimension internationale, où le Scorpion est apprécié en tant que conseiller, diplomate, homme politique, orateur... mais aussi comme manipulateur sinon comme « homme de main » selon les cas et les individus.

– **L'écriture :** tous les métiers liés à l'écriture, d'un côté ou de l'autre de la plume, dénombrent un bon pourcentage de gens du signe, surtout lorsqu'ils s'engagent à révéler des choses essentielles et qu'ils emploient l'écriture pour ce qu'elle est souvent : une façon de se guérir et de guérir autrui, de sublimer et transcender. Cela est vrai pour l'art en général.

– **Arts divinatoires :** ou comment manifester son lien naturel avec l'invisible, sa médiumnité qu'il peut utiliser dans bien des domaines, avec la question, déjà suffisamment posée précédemment, de l'utilisation qui en est faite et des possibles détournements qui le « titillent ». Passer du psychologique au spirituel est, pour lui, toujours une gageure, faire la différence entre magie noire et magie blanche aussi...

– **Psychologie :** beaucoup de Scorpions psychanalystes, psychologues, chercheurs, professionnels du développement personnel et de la guérison mystique et spirituelle... La même question que celle posée au-dessus est valable ici...

– **La Transfiguration** : c'est cela Le métier Scorpion, ce qui est commun au portier de nuit, au spéléologue, à l'archéologue, au psychanalyste, à l'astrologue, au sorcier, au prêtre... tout ceux qui font métier de faire jaillir le dedans dehors... pour l'illumination générale.

L'Annonciation. L'archange Gabriel porte sur la tête les
emblèmes du Sahasraha et de l'Ajna chakra.

(Peinture de Carlo Crivelli, xvᵉ siècle ; Italie.)

VII

L'enfant Scorpion

1. Un individu à part entière...

Bien avant de se développer à l'âge adulte, le tempérament **ardent** et **obstiné** du Scorpion se reconnaît dès l'enfance. L'enfant est volontaire, orgueilleux, résistant, solitaire, tenace, violent, possessif, combatif et d'une franchise brutale qui n'a d'équivalent que sa perspicacité aiguë de l'envers des choses, du mécanisme fondateur de l'inconscient qu'il sent avec justesse même s'il ne sait encore l'exprimer clairement, mais qu'il suit à la lettre.

Il ne pense pas ce que les autres pensent. Il ne fait pas ce que les autres font et encore moins ce que les adultes lui disent de faire. Contraint par la force à se plier à la loi du grand nombre, il n'a que deux solutions : soit qu'il garde la mémoire incroyablement vivace de ce moment pour l'exprimer avec une violence décuplée même s'il doit attendre 50 ans pour se « venger » ; soit qu'il refuse délibérément de se plier quelles qu'en soient les conséquences (disputes, punitions ou effets limitatifs qui s'ensuivront).

D'emblée, il est conseillé aux parents d'intégrer cette caractéristique : leur intelligence et leur responsabilité consistera à savoir que leur enfant est un individu **autopensant et auto-agissant dès l'origine,** et que l'éduquer ne passera jamais, mais jamais, par la contrainte dénuée d'explications, de discussions et de respect. **S'opposer,** l'enfant Scorpion sait faire : il ne saurait même que cela si l'on ne parvenait à l'aider à canaliser ce trop-plein d'énergie active qui est toujours à deux doigts de se transformer en ouragan retenu puis incontrôlable… Mais se plier sans raison et sans but fondé, il ne sait pas et ne saura jamais. Vous êtes l'autorité et la raison ? *« Ah ! bon ? Et puis quoi encore ! »* se dit-il en sourdine… Ce n'est jamais que position momentanée. S'il l'« accepte » parce qu'il ne peut faire autrement, sachez bien que la révolte ne tardera pas et se manifestera au moment où vous l'attendez le moins… ou dans les domaines où vous la soupçonnez le moins. Il n'est jamais tout à fait un enfant au sens de la fragilité, de l'innocence ou de la confiance qui vont généralement avec ce stade. Ses dons multiples ne sont jamais ceux de tout le monde et il n'acceptera jamais que ses parents ne soient pas les premiers à le savoir, à le reconnaître et à en témoigner…

Cela vaut autant pour les filles que pour les garçons car déjà, l'appartenance à un sexe déterminé fait partie des choses que les petits Scorpions acceptent le moins naturellement. **C'est l'individu qui compte,** voilà le principe inné central des natifs : les codes de comportement sociaux, l'appartenance à un sexe et à un clan précis, y compris à une famille déterminée, lui semblent aussi faux, contingents et superficiels que possible. Pour être bien, accepter les choses et être motivé, l'enfant Scorpion devra impérativement recevoir une éducation qui intègre les dimensions mystiques, spirituelles, philosophiques, métaphysiques et religieuses qui seules l'interpellent et lui donnent une vision du monde qui lui paraît juste, sinon justifiée…

Le petit Dionysos élevé par Ino, avec le dieu Pan enfant.
(Bas-relief romain ; musée du Latran, Italie.)

Pour lui, de manière intuitive et instinctive, « il y a quelque chose derrière », derrière tout et tous. De plus, plutôt que d'accepter il préfère expérimenter et vérifier par lui-même. **Interdire est toujours la dernière chose à faire :** même lorsqu'on voit bien qu'il court à l'échec ou au bobo, la seule attitude positive est de l'accompagner au plus près pour le « récupérer » au vol. Il faut **jouer la complicité** qui, seule, lui évitera de se brûler les ailes, par obstination et par refus d'avouer l'erreur. S'il échoue, il le saura tout seul : ce n'est pas le moment d'en profiter pour clamer victoire et l'enfoncer en glissant « qu'on le lui avait bien dit ! ».

Le considérer en être responsable et discuter franchement avec lui des différentes étapes de ce qu'il vient d'accomplir pour l'aider à voir les choses différemment, c'est alors désamorcer la bombe en activant les ressources inestimables de son intelligence subtile et originale. Il ne faut pas oublier que la passion est là, qui veille en lui comme un volcan jamais endormi. Cela ne signifie pas qu'il faille pour autant abdiquer devant lui. La faiblesse de l'autre déstabilise totalement le petit Scorpion : s'il n'a plus rien ni personne contre qui buter, il n'a plus de but pour avancer. On gagne toujours à être tranquillement fort et à discuter sincèrement et clairement avec lui. Il entend bien et agit en conséquence. Il veut être sûr d'être un enfant exceptionnel qui a, en réponse, droit à **des parents exceptionnels.**

Ainsi, s'il se trouve face à des parents, des relations, des professeurs limités, « bornés » et donc limitatifs, le seul rapport qu'il établira d'emblée sera celui du mépris et de l'indiscipline totale.

2. L'amour, la mort, l'univers...

Ne pas faire semblant avec ceux que l'on n'aime pas, c'est aussi être solidaire en toutes occasions et situations avec ceux que l'on adore. Les petits Scorpions, **très sensibles et affectifs,** ne savent pas jouer les demi-mesures sur le plan du cœur, pas plus que sur celui du corps, domaine qui les intéresse au plus haut point, la sexualité étant (avec les mystères de la mort)

Du Lion au Scorpion, le symbolisme est parallèle.
On y retrouve la figure commune du griffon.
(Chapiteau du Temple d'Apollon à Milet ; musée du Louvre, Paris.)

ce qui les intriguera le plus et le plus tôt. Son rapport
aux matières sales – surtout fécales ou détritus – est
sur ce plan des plus symptomatique : il aime s'y vautrer, patauger, barbouiller, sauter dans les flaques, rouler dans le sable et la poussière, casser… bref, **expérimenter le sujet charnel à pleines mains.** Il ne s'agit
pas d'avoir à cet égard des obsessions hygiénistes ou
maniaques qui ne feraient que décupler cette tendance
qui se canalise et se transmute avec l'âge.

Les secrets de la vie et des rapports entre les êtres,
la variété des civilisations, les découvertes et les progrès de l'humanité lui ouvrent des horizons vastes et
multiples. Le petit Scorpion a **besoin de se sentir utile**
et efficace, car il ne rechigne jamais à bien et beaucoup travailler.

Car ce n'est pas rien que les braises ardentes de
l'amour du petit Scorpion ! **Sa maman est une déesse,**

absolue, parfaite, totale… Parce que plus que tout autre il sait intuitivement qu'il devra la quitter et que l'enfance n'est que passagère, il tient férocement à ses bras, à son amour, à son attention, à son écoute et à son exclusivité. Trop, il est souvent beaucoup trop attaché à elle et les relations qu'il entretient ont quelque chose de passionnel, digne des tragédies shakespeariennes. L'amour tyrannique n'est pas loin…

L'amour, la vie, la mort, l'univers… le petit Scorpion est, dès le plus jeune âge, en proie aux merveilles comme aux drames de la nature humaine.

3. Les principes de sa santé

Il n'aime pas se sentir faible, malade ou diminué mais si sa résistance est grande, sa nervosité et sa sensibilité affective sont la source de baisses tangibles du système immunitaire qui peuvent être la source de maladies chroniques usantes. De plus, il n'aime pas beaucoup se soigner et ses rapports inconscients à sa mère sont tels que les bobos, plus ou moins graves, sont toujours des moyens d'attirer son attention et de recueillir des preuves d'amour. Il n'est pas toujours simple de suivre logiquement les méandres de son rapport à son corps ; psychologie et intuition sont bien plus conseillées que les visites répétées chez le pédiatre…

Mais même fiévreux, **il veut mépriser le mal** et se bat pour prouver qu'il n'a rien et tiendra le coup. Le persuader de rester au chaud tranquillement n'est alors pas de tout repos. « *Marche ou crève* » est sa devise générale, mais appliquée à la santé les résultats peuvent en être tangents… D'une manière douce, il faut le rassurer sur ses faiblesses passagères qui lui font peur, lui faire vivre une vie équilibrée, régulière, lui donner une nourriture simple et saine car son appétit se révèle toujours capricieux.

Il a un besoin impératif de se **défouler** et de **décharger son agressivité.** Il apprécie l'esprit de compétition, de challenge et choisit volontiers des sports violents. Le sport lui donne l'occasion saine de s'intégrer dans une équipe, de s'oxygéner et de se maîtriser. La natation et les activités de plein air lui permettent de se calmer. On stimulera aussi avec profit ses dons artistiques et créatifs très prononcés en l'inscrivant à des cours de théâtre, de travaux manuels, de musique ou de peinture. Plus tard, les arts martiaux ou le yoga lui permettront de diriger l'énergie et de se détendre en canalisant les émotions et les désirs intérieurs.

Clin d'œil pour l'homéopathe, il a besoin de sulfate de calcium (radis, poireaux, choux-fleurs, pruneaux...) ainsi que d'une alimentation enrichie en vitamines B et C.

4. Les enjeux de chaque âge

✧ *DE 0 A 1 MOIS : AGE LUNAIRE*

Age important, pendant lequel l'enfant n'a pas encore conscience d'exister en dehors de l'enveloppe matricielle et vit encore au rythme utérin, surtout pendant les trois premières semaines de sa vie (âge néonatal). Pour l'enfant Scorpion, c'est un âge clef, le lien à la mère, au corps et au sein maternels étant primordial pour le restant de ses jours par relations passionnelles. Je dirais volontiers « frustrations interdites » ! Ici, bien que cela soit valable pour tous les enfants, des horaires trop rigoureux, un sevrage trop rapide, une séparation trop brutale et un non-respect de ses besoins de fusion le laissent insatisfait à vie, puisque ce natif repose sur la mémoire rancunière et exclusiviste de ces moments-là.

Mamans d'enfants Scorpions, si vous ne voulez pas les voir « accrochés » à vous de façon pathologique, évitez de vouloir les discipliner et les régler trop tôt ; il y a bien des chances pour que cela ne marche pas avec eux. Si vous les poussez trop précocement vers l'extérieur, ils chercheront tous les moyens de perpétuer le lien, même négatif...

✧ *DE 1 A 3 MOIS : AGE MERCURIEN*

C'est un stade d'évolution par rapport au stade réflexif précédent. Les premiers facteurs qui témoignent de son besoin de contact avec l'extérieur sont la musique et les formes au-dessus de lui. Veillez à ce que celles-ci soient adaptées et harmonieuses sinon, les Scorpions étant fragiles sur le plan auditif, ils ne voudront rien entendre et fermeront leur oreille droite, celle du langage, du père et de la verticalisation adulte, partiellement ou définitivement (1).

✧ *DE 4 A 8 MOIS : AGE VENUSIEN*

C'est l'âge de la découverte de son propre corps et des plaisirs qui l'accompagnent. Age très sensible pour le Scorpion qui basera une bonne partie de sa vie sur le physique qu'il ne doit pas vivre de manière perturbée ou interdite. Câlins, jeux de bains, découverte des tissus et des matières, massages sont les bienvenus. Découvrant et aimant le corps que sa maman aime, le petit Scorpion épanouit ses sens et jouit d'une sensualité saine, autorisée et constructive.

✧ *8 MOIS : L'ANGOISSE DE LA SOLITUDE*

Etape d'individualisation essentielle et inévitable pendant laquelle l'enfant découvre que sa mère existe, même en dehors de lui, ce qui signifie qu'il est un individu solitaire. Tous les parents savent aujourd'hui

---

1. Voir, du professeur Alfred Tomatis : *La Nuit utérine* (Stock).

que cette étape est primordiale, et on l'applique dans les crèches et les lieux paramaternels en ne prenant pas les enfants qui n'y ont pas été intégrés avant.

L'enfant Scorpion est à la fois celui qui sait le mieux qu'il devra quitter sa mère et celui qui entretient les rapports inconscients les plus forts et les plus passionnels avec elle. Sa relation de confiance ou de méfiance vis-à-vis du monde extérieur se construit ici, et on a vu à quel point elle est importante pour lui. Il est généralement très douloureux, sombre, violent, désespéré à cet âge clef. Il faut l'entourer du maximum de soins, d'amour et de chaleur, tout faire pour le rassurer...

✧ DE 8 A 18 MOIS : AGE SOLAIRE

Prise de conscience par l'enfant de son image et de sa légitimité à exister tel quel (âge « du miroir »). Il a besoin de papa pour lui dire – implicitement – qu'il est *« beau et fort, et qu'il peut marcher droit tout seul ».* Du coup, il se met debout et fait ses premiers pas... Si cc discours-là ne passe pas, si l'image paternelle est

Diacre portant un chandelier, ou les lueurs de l'âme qui perce.
(Toile de Pierre Subleyras, XVIIe siècle ; musée des Beaux-Arts, Orléans.)

ternie pour une raison ou pour une autre, les fragilités affectives et le besoin de reconnaissance n'en seront que plus accentués. Pour l'enfant Scorpion, cette période est très structurante et va profondément marquer son développement futur et colorer son type d'intégration dans la société : *dans la loi* si l'image du père est fondatrice, *hors-la-loi* si l'image du père est déficitaire ou négative.

✧ *DE 18 MOIS A 3 ANS : AGE MARTIEN*

Il existe et il l'affirme, au besoin en s'opposant à tous et à tout, et surtout à sa mère. Il vérifie ses effets sur son environnement, au besoin en cassant tout. Il apprend – avec un rapport de résistance et d'ambiguïté – la propreté et l'autonomie corporelle. Il pique des crises et se lève fréquemment la nuit pour rejoindre maman ; il est systématiquement attiré par l'extérieur, demandant à avoir des contacts autres que familiaux. D'abord l'inscrire à la maternelle ou dans une halte-garderie au plus vite et favoriser au maximum sa sociabilité innée est très positif.

Mille activités l'intéressent, et cet âge est un vrai plaisir pour cet enfant. *Moderato !* ne pas trop le gronder ni le frustrer, mais canaliser au maximum son agressivité et la désamorcer s'impose. N'oublions pas que son comportement type de l'âge adulte sera, en gros, calqué sur sa manière d'être à ce stade de développement : alors observez-le bien !

✧ *DE 3 A 7 ANS : AGE JUPITERIEN*

La socialisation se fait et l'enfant Scorpion poursuit ses découvertes et son intégration dans son cercle socioculturel. Le désir d'apprendre et d'amplifier ses connaissances dans tous les domaines prime. Ce n'est pas le moment de l'arrêter, mais bien de le suivre et de s'armer de patience et de dictionnaires pour être à la page et à la bonne vitesse. Le moment aussi de le canaliser, de tenir sa position et d'empêcher sa tendance au grappillage et à la superficialité de s'installer chroniquement. Il veut des parents *dans le coup,* ouverts, autonomes et tolérants.

Ses rapports avec la société sont toujours ambigus et ce sera ici tout ou rien : soit qu'il aime ses éducateurs et va dans leur sens, soit qu'il les déteste et commence une longue suite de contradictions, de punitions, d'oppositions, de colères rentrées et d'une marginalisation qui le désespère, qu'il vit très mal et qu'il faut désamorcer au plus vite...

✧ L'ADOLESCENCE

Aux prises avec sa libido exigeante, ses ambiguïtés intérieures, ses révoltes à fleur de peau, son besoin d'être compris mais de ne rien faire pour aller dans ce sens, désireux d'amour et de sécurité contre laquelle il se cabre et qu'il refuse, en guerre contre toutes les institutions, l'autorité et les conventions « bêtes », le Scorpion adolescent n'est généralement pas une sinécure, surtout pas pour lui-même. Marginal hypersensible et hyperlucide, il est à l'affût de toutes les quêtes métaphysiques, mystiques, religieuses, excelle en économie et en philosophie, en sait généralement plus que tout le monde et plus que le prof... Mais le dit-il et se sent-il intégré ? C'est une autre paire de manches, pas résolue d'avance ! C'est le moment où jamais d'être solidaire, prêt à l'écouter et à fouiller en complice averti les méandres de son inconscient. Sinon, il peut tout rater, tout détruire ou vouer une haine définitive aux parents comme à la société alors qu'il aurait pu devenir simplement génial et unique...

Médée, la magicienne, trompée par Jason l'ingrat, est déchirée entre son désir de vengeance et son amour pour ses enfants. Elle finira par devenir l'infanticide que la tragique légende a rendue célèbre…

(Fresque de Pompéi ; musée de Naples, Italie.)

VIII

Les parents Scorpion

1. Maman Scorpion

A elle qui perçoit si bien l'envers des décors, la maternité fait découvrir un aspect d'elle-même ignoré et qu'on lui attribuait peu d'emblée. Il est vrai que sa vie était jusque-là consacrée à faire ce qu'elle désirait, en dépit de l'avis de tous, menant sa barque avec ses moyens peu conformes mais efficaces, dévouée à ses amis et à ses idéaux, prête à tout pourvu que la vie ne soit pas vide de sens et d'intensité. Comment a-t-elle d'un coup pensé que ce sens pouvait aussi prendre la forme d'un bébé ? Elle qui a les entrailles les plus métaphysiques du zodiaque, elle a dû se bagarrer contre ses fantômes inconscients, plus ou moins mortifères, avant de se laisser faire par l'envie de mettre au monde un être aussi dénué de défense à son encontre. La faiblesse d'autrui l'indispose, mais celle-là l'émeut au contraire profondément…

On ne pourra pas dire qu'elle reste béate devant son gros ventre, car l'étape de la grossesse – avec les restrictions qu'elle représente – décuple plutôt son impatience et sa tendance à abuser de ses forces. Pas question de se coucher, pas envie de se prélasser en attendant le moment de l'accouchement, elle n'a pas neuf mois à perdre ! Ayant toujours mené sa vie à son rythme, cela ne va pas changer parce qu'elle attend un bébé. Au contraire, c'est pour elle le moment ou jamais de se montrer au top d'elle-même, c'est-à-dire de ces forces intérieures inépuisables, variées et mystérieuses, de son idéalité et de son perfectionnisme, de son esprit à la fois analytique et inspiré et de l'atout majeur qui consiste à en penser un maximum et n'en dire qu'un minimum.

Son enfant, c'est d'abord le sien, qu'on se le dise ! Elle le fait ainsi, comme un bastion supplémentaire à conquérir, comme une renaissance palpitante, un nouveau mystère élucidé, la possibilité de vivre sa tendresse et son affectivité sans méfiance ni défense… pour une fois ! Son enfant est le seul être de la terre qu'elle regarde sans le soupçonner d'avoir une idée derrière la nuque, et ce nouveau regard sur le monde a de quoi la métamorphoser. Elle ouvre son cœur et son âme, fait des concessions et perfectionne son rôle, alors qu'on ne l'aurait jamais attendu d'elle. Extrême et « jusqu'au-boutiste » en tout, elle va le devenir dans sa maternité.

En fait, les mamans Scorpions se répartissent en deux catégories départagées par l'opinion qu'elles ont d'elles-mêmes et le souvenir qu'elles ont gardé de leur enfance – et en particulier de l'image maternelle :

– Si elle est en accord avec elle-même et juge le bilan de sa trajectoire positif, nulle comme elle ne pourra si bien inculquer à ses enfants le goût de la création, de l'audace, du goût de vivre et de dépasser sans cesse les limites. Sa curiosité de vivre, d'apprendre et d'entreprendre devient celle de ses enfants.

– Mais si elle a d'elle-même une image consciemment ou inconsciemment négative et perturbée, elle risque fort de transmettre du négatif encombrant et laminant. Possessive, entière, jalouse, violente, peu claire avec son identité sexuelle, les transmissions d'inconscient de maman Scorpion n'ont souvent rien d'un cadeau. Avoir moins peur d'elle-même l'aiderait sans doute à être une maman plus rassurante… et laisserait un peu plus de place au père. Ah ! mais c'est vrai, au fait : et le père dans tout ça ?…

2. Papa Scorpion

« Un enfant ? Quelle merveille ! » se dit-il le cœur serré par l'angoisse. Les sentiments et désirs les plus contradictoires se bousculent dans sa tête car si, pour l'idéaliste qu'il est, rien dans cette vie ne vaut plus la peine qu'un enfant, son perfectionnisme intransigeant lui fait aussitôt froncer les sourcils. Un enfant alors ? Oui, bien sûr, mais alors le meilleur qui soit, son désir de paternité ne pouvant certes pas se satisfaire de demi-mesure et de demi-succès.

Même si cette envie n'était pas très nette au départ, et s'il continue quoi qu'il arrive à mener sa vie bon train, en éternel homme orchestre blessé et pressé, ce nouvel état de papa décuple son énergie et ravive tous ses espoirs… même s'il ne l'avoue à personne. En lui se réveille le patriarche ; on va voir ce qu'on va voir, c'est une graine de super-bébé qu'il a plantée là, qu'on se le dise ! Mine de rien, il a surveillé les étapes, souvent par téléphone avec l'air de demander des nouvelles « en passant », ordonné sa vie pour qu'elle puisse accueillir un tout-petit nouveau venu et finit par assurer et assumer totalement sa responsabilité, angoisses et questionnements compris… C'est ainsi, c'est tant pis, c'est tant mieux !… Et puis, il voue une sorte de culte à la maternité. Quoi qu'il advienne entre eux, qu'il soit marié avec la mère de ses enfants ou pas, qu'ils restent ensemble ou se disputent, qu'il soit fidèle ou pas (et puis, qu'est-ce que c'est que tous ces détails et questionnements quotidiens ?..), il regarde la femme qui lui donna l'enfant comme un ange qui a droit à tous les égards de la part de la « bête » qu'il se dit volontiers être…

Peu à peu les scintillements de l'émerveillement de la venue d'un enfant s'installent et s'émoussent. Il n'est pas exactement un papa gâteau, au contraire. Plus l'enfant grandit, plus il terre ses sentiments derrière un maintien qui pourrait passer pour de la froideur ou de la distance tant il a peur, tant il a des problèmes avec lui-même. Là, comme pour maman Scorpion, tout dépendra du souvenir qu'il gardera de sa propre enfance. Il a peur de se laisser simplement aller à la tendresse et à la douceur. Sur ses enfants devenus grands, il peut exercer une sorte de fascination car il n'est ni banal ni de tout repos. Au mieux, cela les fait réagir aux perpétuels défis qu'il ne manque pas de leur lancer. Au pire, cela les déstabilise et les enfonce dans un rapport compliqué où les malentendus d'amour et l'autorité excessive laissent des blessures de part et d'autre… Alors, à lui d'y penser à temps !

Frise zodiacale de la cathédrale d'Amiens.

IX

Rencontre avec le sacré en soi

1. Les rapports entre astrologie et religion

Quelques rappels historiques sont ici nécessaires afin de mieux appréhender les rapports existant entre l'astrologie et l'Eglise chrétienne, en particulier occidentale. Dans toutes les civilisations, l'astrologie peut être considérée comme la base initiale de la religion, car elle représente le premier lien **conscientisé** et **organisé** de l'homme avec « le toujours plus grand que lui », la Loi cosmique qui a successivement pris tous les noms de Dieu et dont le message – le Verbe – redescend jusqu'à l'homme. Cela dit, les débuts du christianisme catholique – plus encore que l'avènement du bouddhisme ou de l'islam, et différemment de la tradition juive ou d'anciens textes comme le Talmud ou le Zohar – ont rompu avec l'astrologie, dénoncée en regard de ses origines païennes et accusée de supplanter Christ, seul détenteur du « destin » des âmes incarnées sur Terre...

Néanmoins, les liens entre l'astrologie et le christianisme sont **inhérents aux symboles de Lumière et de Verbe qui leur sont communs.** Sans développer ici la richesse de ces liens (1) qui témoignent judicieusement de l'**éternité** et de l'**universalité** des principes

---

1. Voir, de Eugène Brunet : *Dieu parle aux hommes par les astres* (Editions Montorgueil).

immuables de la structure de l'imaginaire humain, nous tentons d'aborder les analogies qui existent entre les signes du zodiaque et les différentes figures centrales du christianisme. Nos églises et nos cathédrales nous fournissent des milliers d'exemples de ces associations fondamentales à travers les bas-reliefs, les vitraux, les sculptures… et nous en avons extrait ici quelques représentations.

Cela est d'autant plus important pour les signes fixes (Taureau, Lion, Scorpion et Verseau) qui sont clairement cités dans leur analogie aux quatre vivants de l'Apocalypse, tandis que le signe du Poissons (symbole du christianisme) est, quant à lui, présent dans la géographie sacrée des sept églises chrétiennes d'Asie, dont le plan au sol reflète la figure de la constellation stellaire du Poissons… elle-même liée dans le ciel – et dans le symbolisme astrologique – à la constellation du Crater, la coupe (le Graal) analogique au signe de la Vierge. N'oublions pas, non plus, l'analogie entre ce signe et le réceptacle géographique de Christ – Bethléem (« Maison du Pain ») – pointant le devoir de Marie de **recevoir, nourrir puis restituer le Fils au Père,** d'être terre d'accueil mais surtout de passage, cathédrale pour **accomplir l'Epiphanie, ce lien entre Réception et Résurrection** si cher à la tradition orientale.

Si cela est tout particulièrement pointé dans le signe de la Vierge (signe de l'éternel humain…), c'est qu'il demeure au cœur des liens entre minuscule et Majuscule, entre temporel et Eternel, entre humain et Divin. L'astrologie participe donc de l'*anacrise* (2), ce désir fou et spécifique de l'être humain d'**établir un dialogue construit entre sa part terrestre et sa part**

---

2. Voir, de Robert Amadou : *L'Anacrise/Pélagius* (Carisprit).

Le Christ au pied de la Croix, pleuré par la Vierge
et les anges (toile de Bertholet Flémalle).
(XVIIᵉ siècle ; musée des Beaux-Arts, Orléans.)

angélique et, en ce sens, monter un thème astral
revient à **parier sur la capacité humaine à intercepter un instant d'éternité.**

C'est ici que se pose, selon moi, la question clef de
l'astrologie : *avoir trouvé la technique qui permet
d'intercepter cette part d'Ineffable autorise-t-il à penser que l'on y participe pour autant ?* Ou que, pire
encore, on la maîtrise ? La réponse ne peut venir que

du cœur et des rapports intimes que chacun entretient avec la Foi. Mais, dans tous les cas, la miséricorde et l'Amour divins sont immenses...

2. Ambiguïté de l'Eglise chrétienne d'Occident

La Bible – comme tous les textes sacrés, comme l'astrologie et comme les symboliques de toutes les traditions – est en base 12. D'autre part, la tradition mystique nous présente saint Jean comme un prophète-astrologue, ce qu'étaient les apôtres ainsi que les Rois mages. Mais que sont-ils tous, sinon des messagers de la Lumière, cette Lumière que nous savons aujourd'hui lire dans sa réalité biophysique ? Peut-être qu'à la fin du XXᵉ siècle, grâce à la jonction du savoir scientifique infiniment développé et de la connaissance symbolique et mystique ancestrale, l'humanité est enfin sur le point de comprendre l'unité des énergies de l'univers ?... Libre ensuite à chacun de retrouver cette unité avec l'aide de Dieu, quel que soit le nom qu'il lui donne...

Si l'astrologie est donc l'une des courroies de transmission du message lumineux, les quatre signes fixes y sont les quatre messagers désignés, de par leur analogie avec les quatre vivants de l'Apocalypse de saint Jean. En effet, après son exhortation aux sept églises, symbole de la Jérusalem céleste, saint Jean raconte sa vision du trône de Dieu, c'est-à-dire textuellement *« la façon dont le trône de Dieu lui est révélé »* (le mot mal interprété d'Apocalypse signifiant « Révélation ») :

– Sur le trône, quelqu'un (Christ sur son trône ou dans les mandorles au sein desquelles il est représenté sur les frontispices et les portails de nos églises).
– Autour, les vingt-quatre vieillards (les ancêtres).

Le Christ, le Soleil, la Lune et les quatre évangélistes qui
vont raconter leur Apocalypse, leur Vision. Du Livre d'Enoch
à la Bible, on conserve la tradition ésotérique. Dans la Bible
elle-même, les références astrologiques existent :
Deut., XXXIII, 14 ; Jug., V, 20 ; Ps., XIX, 3 ;
Dan., IV, 26 et V,4 ; Matth. II, 2 et XXIV, 29 ; Apocalypse.

– Encore autour, les sept esprits de Dieu (les sept énergies, les sept couleurs de la lumière solaire, les sept notes de musique avec l'exactitude des correspondances énergétiques que l'on retrouve dans les chants grégoriens, nos sept planètes majeures de l'astrologie…).

Enfin, les quatre vivants (les quatre survivants, en fait, qui ont pour mission de transmettre le Verbe, la révélation de l'Apocalypse) qui sont les quatre évangélistes :

– **Le premier vivant est comme un lion ;** c'est saint Marc associé au signe du Lion, prophète « militant » dont les coptes se réclament, dans la droite ligne des enseignements des Pères du désert.

– **Le second vivant est comme un jeune taureau ;** c'est saint Luc associé au signe du Taureau, signe du désir de Création dont l'enjeu terrestre sera d'accéder au Verbe déposé dans sa chair, après avoir déblayé la matière qui le protège, ou l'opacifie…

– **Le troisième vivant a comme un visage d'ange ;** c'est saint Matthieu associé au signe du Verseau, pédagogue du Verbe et réconciliateur de l'homme avec sa part divine.

– **Le quatrième vivant est comme un aigle en plein vol ;** c'est saint Jean, associé au signe du Scorpion, auquel correspond l'emblème de l'aigle dans la Tradition et dont les capacités transmutatoires ouvrent sur la révélation et la possible résurrection.

La transmission de l'Orient devient d'autant plus intéressante qu'on se souvient que ces quatre figures centrales du taureau, du lion, de l'aigle et de l'homme, représentant les quatre éléments Feu, Terre, Air et Eau, se retrouvent dans la carte du tarot le Monde, comme elles sont aussi réunies dans le symbole du Sphinx, archétype du secret, signe de la présence du

Saint Jean l'Evangéliste représenté avec son attribut : l'aigle.
(Toile de Martin Fréminet, XVIᵉ siècle ; musée des Beaux-Arts, Orléans.)

message divin universel sur Terre... Il n'en reste pas moins difficile pour tout un chacun de retrouver son « bout de Sphinx » en lui-même. Disons simplement qu'une lecture astrologique – par un astrologue *qui joue véritablement son rôle d'évangéliste* – y aide... Savoir ce qu'on en fait est une question humaine et contingente qui, en tant que telle, n'appartient plus à l'astrologie...

3. Le sens du sacré selon le Scorpion

Le signe est imbibé jusqu'à l'os par la conviction, pour lui naturelle, des liens de l'homme avec le « toujours plus grand que lui ». C'est une vision du monde que le natif respecte au rang d'une philosophie suprême. Depuis la naissance, les grandes questions insolubles, mais en même temps motrices (« Qui sommes-nous, d'où venons-nous, où allons-nous ? »), tapissent non seulement sa conscience mais colorent absolument tous ses actes et gouvernent sa conduite.

Il n'a pas fini de fouiller tous les mystères pour remonter au cœur du Mystère, percevant et acceptant plus que tout autre, que la vie humaine ne peut en aucun cas s'expliquer de manière positiviste, matérialiste et mécaniste. Pour lui, c'est « ce qui se trouve indubitablement derrière » qui demeure l'essentiel, sans quoi le miracle de la vie sur Terre ne trouverait jamais aucune explication et n'aurait aucun sens.

Toujours plus loin vers le cœur du secret éternel, tel est le rapport à la fois sensuel et sensé que le Scorpion entretient avec le sacré qui tapisse son être jusque dans la moindre fibre cellulaire.

Mais accepte-t-il pour autant une vision forcément religieuse de ce rapport entre minuscule et Majuscule, de ce dialogue fondateur entre microcosme et Macrocosme ? Pas sûr. Non pas que l'idée de Dieu lui semble devoir être remise en question. Il l'a au contraire intégrée d'emblée et n'y touche plus. Même lorsqu'il la dénie, ou s'y oppose, la présence de Dieu constitue la référence centrale de son monde intérieur. Y renoncer, Le renier, aller contre, critiquer, transgresser Sa Loi, c'est toujours **établir le postulat de Son existence.** Le diable même – que le Scorpion fréquente au moins partiellement dans sa vie – n'a de raison d'être que par rapport à Lui…

Mais le Scorpion n'accepte rien d'emblée, par soumission ou par abnégation. Fortement habité par l'idée de la **Rédemption** et tout entier projeté vers la nécessité impérieuse de la **Transfiguration** (la sienne comme celle du monde), il pense profondément que l'être humain doit constamment s'améliorer. Il ne suit que le culte qu'il aura choisi, voire établi, par lui-même. Car Dieu a bien des noms et tous se valent selon la civilisation, le moment, la nécessité et le plan auxquels on se place. Beaucoup plus métaphysique que déiste, incontestablement spirituel mais peu bigot, il ne grossira pas les rangs des Eglises sans méfiance ni comptes demander.

A chacun son dieu, pense-t-il profondément ; à chacun son idée et son vécu divins. S'il pense que l'homme a surtout des devoirs par rapport à l'immensité, il ne va pas forcément chercher à nommer La présence et les effets énergétiques. Sa méfiance est finalement une profonde marque de respect. Il n'est pas loin de penser qu'il joue une mission de transmutation auprès de l'humanité. Mais qu'on ne vienne pas l'obliger à rendre des comptes sur sa contribution et les formes qu'elle prend. Ses engagements physiques et sexuels, tant décriés, constituent le rapport le plus mystique et le plus transcendant qui puisse exister entre deux êtres.

L'homme est toujours seul, à la fois ange et démon, et de passage. Forcément de passage... A cette sagesse profonde, le Scorpion peut donner le nom de Dieu, comme il peut ne pas la nommer du tout puisque, de toute façon, **il la vit – en son âme et conscience – par la chair comme par l'esprit.** Dieu est son meilleur copain et parfois son pire ennemi. C'est dire s'il entretient avec Lui une relation vivante, sinon vivifiante. .

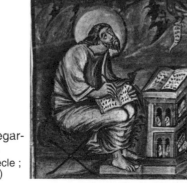

Saint Jean l'Evangéliste regardant l'aigle, son emblème.
(Manuscrit français du XVIᵉ siècle ; Bibliothèque nationale, Paris.)

Conclusion

Connaître son signe solaire est toujours utile et important : c'est une **première approche** sur le chemin de la découverte et du développement de soi. Au rang des outils qui favorisent cette analyse intérieure et permettent une connexion avec l'Eternel en nous, l'astrologie a pour elle le mérite, la sagesse et la validité des siècles. Elle donne tout son sens à la phrase de Clément d'Alexandrie : *« Le cheminement vers soi-même passe par les douze signes du zodiaque. »*

Nous avons tenté de condenser ici le maximum d'informations de qualité pour vous permettre de franchir cette première étape. Vous savez à présent que **nous portons en nous une certaine palette de signes différents,** qui influent sur nous en synergie, et que nous ne sommes pas marqués uniquement par notre seul signe solaire. Loin s'en faut ! Alors, si rien ne remplace une consultation chez l'astrologue, il reste très important de découvrir ses propres dominantes : le signe de l'ascendant et de la Lune puis, dans un second temps, ceux des autres planètes marquantes dans son thème. Il est important aussi de se référer aux signes de ses proches, famille, amis et relations professionnelles pour mieux les comprendre, les aimer, les respecter afin d'évoluer ensemble dans l'harmonie.

Les **autres ouvrages de cette collection,** en vous faisant découvrir vos autres facettes cachées, en découvrant vos fonctionnements profonds et ceux de l'*autre,* favoriseront la tolérance, l'amour et l'échange. En attendant, nous espérons que la lecture de ce premier signe vous aura donné envie de découvrir les autres…

Table des matières

Imprimé par CLERC S.A.
18200 Saint-Amand-Montrond (France)
pour le compte des EDITIONS DANGLES.

Dépôt légal éditeur n° 2214 – Imprimeur n° 6711
Achevé d'imprimer en mai 1998.

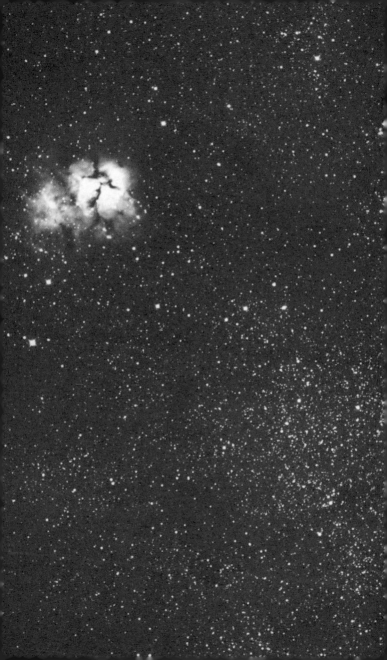